全国教育科学“十一五”规划2009年度课题“游戏与青少年发展关系的理论建构及教育游戏系统建模研究”成果

（项目编号：EEA090388）

游戏与青少年的发展

——面向教育的游戏策划

◎恽如伟 著

南京师范大学出版社
NANJING NORMAL UNIVERSITY PRESS

图书在版编目（CIP）数据

游戏与青少年的发展：面向教育的游戏策划 / 恽如伟著. -- 南京：南京师范大学出版社，2013.12
ISBN 978-7-5651-1651-3

Ⅰ. ①游… Ⅱ. ①恽… Ⅲ. ①游戏课一教学研究一中小学 Ⅳ. ①G633.963

中国版本图书馆CIP数据核字(2013)第315404号

书　　名　游戏与青少年的发展——面向教育的游戏策划
作　　者　恽如伟
责任编辑　王　瑾
出版发行　南京师范大学出版社
地　　址　江苏省南京市宁海路122号(邮编:210097)
电　　话　(025)83598919(总编办)　83598412(营销部)
　　　　　83598297(邮购部)
网　　址　http://www.njnup.com
电子信箱　nspzbb@163.com
照　　排　南京理工大学印刷照排中心
印　　刷　扬州市文丰印刷制品有限公司
开　　本　787毫米×960毫米　1/16
印　　张　10
字　　数　161千
版　　次　2013年12月第1版　2013年12月第1次印刷
书　　号　ISBN 978-7-5651-1651-3
定　　价　25.00元

出 版 人　彭志斌

前言

本研究起源于游戏产业的迅猛发展所引发的新兴社会和教育问题，在面向青少年开展健康数字娱乐状况调查研究的基础上，理性地分析和思考游戏与青少年发展的关系，构建了游戏与青少年发展关系的理论框架。在尊重青少年游戏需要及我国教育现状的基础上，思考知识和技能的课外拓展方面与游戏的结合，从宏观、中观和微观三个层面对教育游戏（Edu-game）进行较为系统的设计。

本书主要包括三个部分：概念界定和理论解析、游戏与青少年发展关系的理论框架构建以及 Edu-game 设计。

第一部分：概念界定和理论解析。第二章阐述了与本书密切相关的两个核心概念——青少年发展和教育游戏。将青少年发展问题归纳为认知领域的发展、动作技能领域的发展和情感领域的发展；将教育游戏理解为承载着具体的教育和娱乐目的，由游戏设计和制作人员创作的电子化的软件，并从目标性、规则性、策略性、自由性和娱教性五个属性加以把握。第三章探讨了游戏与教育结合的理论基础——体验学习理论，并从学习环境和迁移两个维度对游戏与教育的结合作简要探讨。

第二部分：游戏与青少年发展关系的理论框架构建。第四章在第二章阐述了青少年发展的三个方面（认知领域、动作技能领域和情感领域）的基础上，参考加涅的学习结果理论，从游戏与言语信息的学习、游戏与智慧技能的发展、游戏与动作技能的发展和游戏与态度的养成 4 个维度 13 个方面构建了游戏与青少年发展的理论框架体系。

第三部分：Edu-game 框架体系的系统设计。第五章架构了 Edu-game 的内容体系，由内到外，从教育内容、游戏空间到交互界面分别作简要阐述。第六章在第三、四、五章的基础上，从宏观、中观、微观三个层面全面规划 Edugame的设计，具体包括：宏观层面从与青少年发展的相关内容的教学设计过程整体架构Edu-game进展——游戏进程设计、游戏关卡设计、游戏情节组织；中观层面从青少年游戏需要的角度设计游戏情节——游戏情节单元设计；微观层面探讨青少年发展的教育内容单元与游戏元素的结合——游戏元素设计。

本书系全国教育科学“十一五”规划2009年度课题“游戏与青少年发展关系的理论建构及教育游戏系统建模研究”（项目编号：EEA090388）的成果之一。在项目研究和本书的撰写过程中得到了我的博士生导师李艺教授的全面帮助，从研究课题论证、研究内容确立、研究方法选择到本书的撰写等给予了全面指导，因此特别感谢李艺教授多年来对我的支持与帮助。感谢南京师范大学教育科学学院的领导和所有教育技术系老师提供的帮助。感谢我的研究生王旭杰、陶漪、王萌、张如静、苏振杨、孙玉芳、张宝运、李霞、姜岩岩、邱华清、阎荟、刘威和王涛在课题研究中的多方支持。感谢网络游戏公司的董浩总经理在项目研究中提供的实践帮助和游戏开发中的一手资料。感谢使得本书得以出版的责任编辑王瑾老师。

本书在游戏与青少年发展关系的理论框架构建和Edu-game框架体系的系统设计方面作了一些探索，但由于本人水平有限，书中难免有不妥之处，希望本书能够起到抛砖引玉的作用，引起相关学科领域的专家学者对教育游戏的关注与研究兴趣，对游戏产业的研究者、实践者和学习者有所帮助。

谢谢大家，请多提宝贵意见！

作者

2013年12月

目录

前言 …… 001

第一章　绪　论 …… 001

一、研究背景 …… 001

二、国内外研究现状 …… 003

三、研究问题和价值 …… 010

四、研究方法 …… 012

第二章　青少年发展与教育游戏(Edu-game)概念界定 …… 014

第一节　青少年发展 …… 014

一、马克思主义的人的全面发展学说 …… 016

二、教育领域中关于人的发展的相关研究 …… 018

三、新中国成立以来我国教育目的几次调整所涉及的人的发展 …… 024

第二节　教育游戏(Edu-game) …… 026

一、教育游戏的概念 …… 028

二、教育游戏的属性 …… 031

本章小结 …… 034

第三章　体验学习——Edu-game 设计理论 …… 035

第一节　体验学习 …… 036

一、体验学习概念 …… 036

二、体验学习模式 …… 038

三、体验学习的发展观 …… 041

第二节　游戏环境中的体验学习 …… 042

一、学习环境 …… 043

二、游戏环境支持的虚拟体验 …… 044
三、游戏中虚拟体验的迁移 …… 045
本章小结 …… 048
第四章　游戏与青少年发展的理论框架 …… 049
第一节　游戏与言语信息(知识)的学习 …… 049
一、言语信息 …… 049
二、游戏与言语信息的学习 …… 050
三、具体案例 …… 056
第二节　游戏与智慧技能的发展 …… 058
一、智慧技能 …… 058
二、游戏与智慧技能的学习 …… 060
三、具体案例 …… 065
第三节　游戏与动作技能的发展 …… 067
一、动作技能 …… 067
二、游戏与动作技能的学习 …… 069
三、具体案例 …… 072
第四节　游戏与态度的培养 …… 074
一、态度 …… 074
二、游戏与态度的养成 …… 075
三、具体案例 …… 078
本章小结 …… 079
第五章　Edu-game 的内容体系 …… 081
第一节　Edu-game 的教育内容 …… 081
一、知识 …… 082
二、文化 …… 085
第二节　Edu-game 的游戏空间 …… 093
一、角色 …… 095
二、道具 …… 097
三、实体对象 …… 098
四、场景 …… 099

五、游戏任务 …… 100
六、游戏规则 …… 102
第三节 Edu-game 的交互界面 …… 104
一、交互界面设计的理论依据 …… 104
二、界面设计原则 …… 105
三、界面设计文档 …… 106
本章小结 …… 107
第六章 青少年发展体验的 Edu-game 设计与架构 …… 108
第一节 Edu-game 架构 …… 108
一、Edu-game 游戏进程 …… 112
二、Edu-game 游戏关卡 …… 114
三、Edu-game 情节组织 …… 116
第二节 Edu-game 的游戏情节单元设计 …… 121
一、青少年的游戏需要 …… 121
二、Edu-game 游戏情节单元设计 …… 128
第三节 Edu-game 的游戏元素设计 …… 129
一、乐于体验 …… 130
二、体验有用 …… 130
三、游戏元素与教育内容单元的结合 …… 131
本章小结 …… 133
第七章 结 论 …… 135
一、研究结论 …… 135
二、创新之处 …… 136
三、研究展望 …… 136
参考文献 …… 138

第一章　绪　论

一、研究背景

(一)“谁能从网游里抢回我们的孩子!”

根据 iResearch 艾瑞咨询推出的《2007—2008 年中国网络游戏行业发展报告》数据显示,2007 年中国网络游戏市场规模为 128 亿元,同比增长 66.7%。[①]然而网络游戏社会现状正如一位玩家所说,目前网游精神指向暴力、权力和金钱,作为娱乐的网游已在悄然“变味”。[②] 一些不良游戏开发商利用青少年的性格弱点,通过设置陷阱对他们进行精神控制而令其不能自拔。据《法制日报》报道,一些城市的青少年由于上网成瘾(主要指网游成瘾)导致犯罪人数以每年 10%的速度增长,在押的未成年犯中有 70%是因为上网成瘾而导致犯罪。美籍素质教育专家陶宏开也提供相同的数据:不健康的网络游戏玷污了网络,毒害了一代青少年,济南在押的 1500 名少年犯中,70%是“网瘾”造成的,其他地方的情况也不乐观。[③]

“拿什么拯救我们的孩子?”《法制日报》记者收到了大量家长来信,其中一位北京市的张女士这样描述她的儿子:“24 岁的他,沉迷网游已经 5 年,因为玩游戏,他大学毕业证书都没拿到,现在不分白天黑夜就坐在电脑前打游戏,家门都不迈出一步!”更令张女士痛心的,是儿子原来良好的品行如今被“网游”侵蚀得荡然无存,“谎话连篇,言而无信,用各种借口向父母要钱。他说既

① 艾瑞咨询. 2007—2008 年中国网络游戏行业发展报告[R]. http://www.iresearch.com.cn/Report/Charge.asp? id=1121.

② 大学生沉迷网游引起人大代表关注[EB/OL]. http://blog.163.com/gaofenglove@126/blog/static/5407542820085411223457/.

③ 甫玉龙. 论作为素质教育的网络游戏[J]. 江汉论坛,2007(5).

然生了他就得管他吃喝。让他不要再挥霍钱财，家里已经负担不起，他竟说爹妈可以去卖血换钱"！

（二）青少年健康数字娱乐状况研究——2007 网络游戏调查研究报告

中国教育技术协会信息技术教育专业委员会和南京师范大学教育游戏研究中心于 2007 年 9 月，在南京和常州地区的三所初中、三所高中进行问卷调查，并在此基础上形成《2007 网络游戏调查研究报告》，调查结果如下④：

（1）从青少年发展的角度看，目前市场上的网络游戏得分普遍不理想，其中在知识性和智力性方面尤其不理想。在知识性评价比较好的十款游戏中最高得分为 63.9，最低得分为 55.2，平均得分仅为 59.38；在智力性评价比较好的十款游戏中最高得分为 65.4，最低得分为 58.1，平均得分为 61.65。

（2）中学生玩游戏的主要目的不仅仅是娱乐放松，他们更希望通过游戏来发展自己的智力。从中学生对网络游戏的游戏性、知识性、智力性、情意性的排序来看，智力性处于首位，表明中学生对网络游戏的智力性有较高的期待。

（3）对中学生的调查发现，游戏的游戏性（好玩）和游戏的知识性、智力性、情意性不存在明显的负相关。相反，有些游戏性好的游戏，如《梦幻西游》《仙剑奇侠传》等，它们的知识性、智力性、情意性得分都靠前，说明对中学生来说，从人的发展角度来设计开发游戏，同样能吸引他们的兴趣。

（4）在从青少年发展角度考察游戏时，还是要关注游戏的成瘾问题。如《梦幻西游》《仙剑奇侠传》《魔兽世界》等，虽然知识性、智力性和情意性各项指标得分都靠前，但它们的成瘾问题同样比较突出。其中《梦幻西游》有成瘾倾向人的比例达到 32.69％，排名第二；《仙剑奇侠传》有成瘾倾向人的比例达到 30.77％，排名第三；《魔兽世界》有成瘾倾向人的比例为 21.74％，排名第八。

（5）目前困扰学校、家长和社会的游戏成瘾问题与游戏本身有关，有些游戏中学生玩后基本没有出现成瘾情况，但有一些游戏学生玩后出现比较严重的成瘾倾向，其中《天龙八部》《梦幻西游》和《仙剑奇侠传》三款游戏有成瘾倾向人的比例接近了 1/3。

（6）很多中学严厉禁止学生玩游戏，在此情况下，依然有 83.51％的学生

---

④ 恽如伟，史慧敏，李艺等．青少年健康数字娱乐状况研究——2007 网络游戏调查研究报告[J]．开放教育研究，2008(1).

玩游戏,而且出现游戏成瘾问题,说明简单地禁止中学生玩游戏解决不了问题。相关教育部门要尊重现实,与时俱进,认可中学生玩游戏这个事实,但同时迫切需要采取有力措施对中学生的游戏行为进行有效引导。

(三)反思引起研究游戏与青少年发展问题的冲动

看到大量家长血和泪的哭诉,作为教育研究者,我们在谴责一些不良游戏开发商利用青少年的性格弱点,通过设置陷阱对他们进行精神控制而令其不能自拔导致其成瘾的同时,也应该反思社会和学校在游戏与教育方面相关工作的缺失。针对近几年我国游戏业的突飞猛进,目睹游戏对青少年的毒害,社会没有专门规划出适合青少年玩的游戏,而中小学校又缺乏有效的应对办法,只是机械地采取禁止的办法来"堵"。在学校禁止玩游戏的禁令下,中学生玩游戏的比例依然高达 83.5%,以及大量的青少年游戏成瘾问题证明这种办法是不成功的。

应对网络游戏对青少年毒害的现状,在"堵"无法解决问题的情况下寻求有效的"疏导"办法显得尤其迫切。这就需要从教育层面对游戏进行策划和分类,进而从游戏产业中划分出适合青少年有限参与的游戏,来满足青少年的游戏需求。而这就需要考察游戏潜在的教育功能,并以此指导适合于青少年玩的游戏设计。

二、国内外研究现状

青少年发展与游戏问题是目前困扰国内外学者的主要难题,近年来许多学者围绕该问题展开积极的研究,并举办了多次国际国内学术研讨会。国际会议有"国际电子学习与游戏"(Edutainment)、"应用电脑游戏和智能玩具增强学习"(DIGITEL)、"基于网络学习的国际会议"(ICWL)等。国内会议有"全国教育游戏与虚拟现实会议"(EGVR),以及由南京师范大学教育游戏中心组织的"全国教育游戏基地会议"等。在国内有较大影响的是 2008 年 1 月 7—8 日,由 HEWLETT 基金支持,麻省理工学院和北京大学联合在上海举行的"国际游戏与学习研讨会"。此次会议汇聚了来自于美国和中国的游戏与教育相关的各领域的权威人士(包括盛大、网易等一批游戏企业,教育部等政府部门都派要员出席),着重探讨游戏与教育结合的相关问题。

从目前呈现的一些研究成果来看,游戏在教育方面是可以加以有效利用的。如 Nic Crowe 和 Simon Bradford(2006)研究认为玩网络游戏可使青少年学会如何与不同的人相处,并通过游戏建立自信心和存在感[⑤];Natale(2002)研究认为游戏能用来提高学习者的学习和记忆能力[⑥];Klawe(1994)研究认为电脑游戏可用来鼓励那些缺乏兴趣、自信的学习者[⑦];Ritchie,Dodge 等(1992)对缺乏自尊的学习者展开研究,认为游戏对其有积极作用[⑧];李艺等研究认为游戏有利于培养学生的空间智能[⑨]等等。

但同样,游戏在教育中的应用也存在很大的风险。如 Clark(2003)认为学习目标与游戏目标可能不适合,游戏时玩家把精力集中在完成任务、得分、赢得胜利上,会对学习分心并引起信念动摇,学习者很难在游戏环境下保持学习的状态。[⑩] Becta(2001)提出了更糟的缺点:如果游戏太容易或者太难,会导致动机的下降;游戏会成瘾,这会对学习者造成伤害;许多游戏软件具有性别特征或暴力倾向等。[⑪]

---

⑤ Crowe, Nic, and Bradford, Simon. 'Hanging out in Runescape': identity, work and leisure in the virtual playground[J]. Children's Geographies, 2006,4(3): 331 - 346.

⑥ Natale M. J. The effect of a male-oriented computer gaming culture on careers in the computer industry[J]. Computers and Society,2002,32(2): 24 - 31.

⑦ Klawe MM. The educational potential of electronic games and the E-GEMS Project[C]. In T Ottman and I Tomek (eds) Proceedings of the ED-MEDIA 94 World Conference on Educational Multimedia and Hypermedia. Panel discussion 'Can electronic games make a positive contribution to the learning of mathematics and science in the intermediate classroom?' AACE (Association for the Advancement of Computing in Education), Vancouver, Canada, 25 - 30 June 1994.

⑧ Ritchie D, Dodge B. Integrating technology usage across the curriculum[C]. Annual Conference on Technology and Teacher Education, 12 - 15 March 1992, Houston, TX, 1992.

⑨ Yun RW, Xi HX, Li Y. The experiment of improving students' spatial ability by using VGLS[C]. Lecture Notes in Computer Science (16th International Conference on Artificial Reality and Telexistence), NOV 29-DEC 02, Proceedings, v 4282, p 467 - 473, 2006.

⑩ Clark D. Computer games in education and training[C]. Presentation at LSDA seminar Learning by playing: can computer games and simulations support teaching and learning for post-16 learners in formal, workplace and informal learning contexts? 20 November 2003, London. Slides at www.bbk.ac.uk/ccs/elearn/events.html, accessed 14 April 2004.

⑪ Becta. Computer games in education project report [DB/OL]. http://www.becta.org.uk/research/research.cfm? section=1&id=2835.

(一) 游戏应用于教育的负面影响

游戏应用于教育的负面影响表现在学习问题、健康问题及心理和社会问题等方面。

1. 学习问题

(1) 学习过程难于控制。Cristina Conati 等(2002)指出,学习过程难于控制体现在游戏进行中师生交互不够,老师难以确定学生所处的状态。⑫ Clark (2003)指出,游戏应用于学习会花费太多时间,可能导致时间表与课程设置冲突问题。⑩王陆等人在研究中发现,在 RPG 教育游戏中,教师不知道自己的具体角色、学生的进度和如何指导学生。⑬

(2) 学习目标难于实现。Oyen 和 Bebko (1996)研究认为,如果游戏设计得太难或者含有太多分散学生注意力的元素,效果会不如传统授课方式。⑭ Kirriemuir 和 McFarlane(2004)研究认为,教师很难快速评定哪些游戏适合教学使用;教师缺少时间去熟悉游戏,因此不能更好地发挥它的用处;由于游戏中存在大量与学习不相关的内容,浪费课堂时间。⑮ 正如 Glenda A. 等人(2008)研究指出,有些人疯狂地把教育内容灌到游戏中,希望学习者或者玩家学习枯燥内容的动机可以因游戏的加入而被激发,可是由于没有在学习和教学理论基础上对教育游戏进行很好的设计,很难达到预期的教学目标,在游戏中不亦乐乎的学生也很难获得技能或知识。⑯

---

⑫ Cristina Conati, Xiaoming Zhou. Modeling Students' Emotions from Cognitive Appraisal in Educational Games[D]. Department of Computer Science, University of British Columbia, Vancouver, BC, Canada, 2002.

⑬ 王陆,孙洪涛,刘敬光. 教育游戏中的教师角色设计与教师创作工具[J]. 电化教育研究,2007(1):39.

⑭ Oyen A, Bebko JM. The effects of computer games and lesson contexts on children's mnemonic strategies[J]. Journal of Experimental Child Psychology, 1996, 62: 173 - 189.

⑮ Kirriemuir, J. & McFarlane, A Literature review in games and learning[R]. A Report of NESTA Future-lab. Retrieved July 10, 2004, from http://www. nestafuturelab. org/research/reviews/ 08_01. htm.

⑯ Glenda A, Robert F, et al. Taking Educational Games Seriously: Using the RETAIN Model to Design Endogenous Fantasy into Standalone Educational Games[J]. Educational Technology Research and Development, v56 n5 - 6 p511 - 537 Dec 2008.

2. 健康问题

长时间玩游戏会给青少年带来一些健康影响。Alice Mitchell 和 Carol Savill-Smith 在文章 *The use of computer and video games for learning* 中提到：长期玩游戏会影响青少年健康，产生如眼睛疲劳、头疼、胸疼、身体疲劳并且情绪波动大[17]（Tazawa Y，Soukalo AV，1997）等问题，会影响青少年睡眠，造成黑眼圈和肩膀下肌肉僵硬[18]（Tazawa and Okada，2001），肌腱炎和反复性疲劳伤害[19]（Cleary et al.，2002），影响青少年的新陈代谢和心率[20]（Dorman，1997）。Ricci 和 Vigevano（1999）认为游戏中闪烁的亮点和几何图形模式也可能引起人的情绪波动[21]。

3. 心理和社会问题

玩游戏容易上瘾，游戏成瘾的人比较消沉。在一些教育内容中采用的游戏也有消极成分，会对学生产生不良影响。玩游戏的人比不玩游戏的更易出现冒险行为，例如酗酒和吸毒[22]（Bosworth，1994）。沉浸于游戏中的青少年会疏远与周围人的关系，从而产生人际交往问题。一些长期玩游戏者会与社会隔离和缺乏积极的社会行为，因为对游戏熟练程度的增加可能让游戏者获得一种短暂的掌控感觉、控制能力和成就感，而这些是玩家本身比较缺乏的或者在现实中无法满足的，这种娱乐游戏的补偿效应会加强他们逃避现实的倾

---

⑰ Tazawa Y，Soukalo AV，Okada K，et al. Excessive playing of home computer games by children presenting unexplained symptoms[J]. The Journal of Pediatrics，1997，130(6)：1010 - 1011.

⑱ Tazawa Y，Okada K. Physical signs associated with excessive television-game playing and sleep deprivation[J]. Pediatrics International，2001，43：647 - 650.

⑲ Cleary AG，McKendrick H，Sills JA. Hand-arm vibration syndrome may be associated with prolonged use of vibrating computer games[J]. Letter，British Medical Journal，2 February 2002.

⑳ Dorman SM. Video and computer games：effect on children and implications for health education[J]. Journal of School Health，1997，67(4)：133 - 138.

㉑ Ricci S，Vigevano F. The effect of video-game software in video-game epilepsy [J]. Epilepsia，1999，40(4)：31 - 37.

㉒ Bosworth K. Computer games and simulations as tools to reach and engage adolescents in health promotion activities[J]. Computers in Human Services，1994，11(1)：109 - 119.

向和沉迷游戏的行为㉓(Roe and Muijs，1998)。

（二）教育游戏的设计策略

面对游戏在教育中的应用可能造成的负面影响，国内外很多专家从教育的角度提出了一些 Edu-game 设计策略，具体表现在以下几个方面。

1. 游戏的设计要符合学习者认知特点

(1) 设计弹性教育游戏环境。

Mc Grenere(1996)与 P. Ravindra 和 S. De Silva 等人(2007)谈到有一些因素影响教育游戏效力，譬如学习者的特征、喜好和行为㉔㉕。在与游戏交互解决问题时，所有的学习者不可能有同样的喜好和风格。Gonzalez 等人(2000)认为，在游戏设计者看来，有些教育方法和策略在游戏环境的创设上可以应用，这些方法和策略也与推荐给用户的任务和其中的顺序等有关。每个开发者可能会根据玩游戏用户的特征采取相应的方法。把游戏活动和不同的教育目标相结合，让用户自己选择活动顺序，这更符合学习者的认知特点。㉖

为了适应学习者的认知特点，应改进游戏对于每个人的效力(Rosa M. Carro,2002)，建议开发“弹性教育游戏环境”(adaptive educational game environments)。在这种环境里面，每一个特殊的用户，根据自己的个人特点和行为模式，可以动态地选择或者生成用户必须执行的认知活动、游戏中问题的难度、呈现的情景和这些元素的组织等。也就是说，在这种环境中，学习者可以根据自己的具体情况选择适合自己的学习环境。P. Ravindra S. De Silva 等人(2007)建议为轻度自闭症的儿童开发“Adaptive Game”，以适应他

㉓ Roe K，Muijs D. Children and computer games—a profile of the heavy user[J]. European Journal of Communication. 1998,13(2):181-200.

㉔ Mc Grenere，J. Design：Educational Electronic Multi-Player Games. A Literature Review[D]. Thesis from the Department of Computer Science，Univ. British Columbia，USA,1996.

㉕ P. Ravindra S. De Silva，Masatake Higashi，et al. Monitoring of Emotion to Create Adaptive Game for Children with Mild Autistic[M]. W. G. Kropatsch，M. Kampel，and A. Hanbury (Eds.)，326-333，2007.

㉖ Gonzalez，C. S.，Moreno，L.，Aguilar，et al. Towards the Efficient Communication of Knowledge in an Adaptive Multimedia Interface[C]. Proceedings de Interactive Learning Environments for Children，Athens，Greece，2000.

们自身的特点。

(2) 教学人员要与游戏开发人员积极合作。

在开发过程中,教研人员要注意核查教育游戏是否符合学生的心理和认知特点,是否适合学生的学习等等。游戏设计时需要强调教育者和游戏业内人员的积极合作(Alice Mitchell, 2004),教育游戏的设计要建立在学习和教学理论的基础之上(Glenda A. Gunter, et al. 2007)。在 GBL(Game Based Learning)设计过程中,Kevin Corti(2006)认为:"对于游戏来说,可重复性是 GBL 的关键优势;经历是人们讨论 GBL 时的一个主要词汇;刺激性和角色扮演是作为训练工具的娱乐性游戏的两大亮点。"游戏擅长应用幽默的故事情节和角色来创设一个令人信服的经历。所有这些元素都是在开发应用于教育的游戏时不可缺少的。

2. 通过"实时检测—反馈"来干预学生在游戏中学习的游戏设计策略

(1) 干预提醒学生学习任务。

Cristina Conati(2002)为了克服教育游戏的缺陷设计了"pedagogical Agents",即教学推动代理⑫。教学推动代理作为游戏的一部分,为刺激学生从游戏中学到更多的知识而实施适当的干预。为了不影响教育游戏的主要特色——高度参与性,这些推动代理在决定行动前,除了考虑玩家的认知状态还要考虑他们的情感状态。要尽量在不影响学习者参与游戏积极性的情况下,实施干预来提醒学生学习任务。为此他们还设计了一个"a probabilistic model of student affect"——关于学生影响的概率模型。具体实验是让学生玩一款教育游戏"Prime Climb"(学习因式分解)。他们根据掌握的学生的认知状态和性格特点,以及对学生在游戏中的反应进行实时检测,来预测学生的情感状态,再让教学代理实施干预提醒。这其中要注意的是,教学代理给学生带来的干扰性不能高于教育游戏带来的娱乐性,否则学生不再愿意玩这种游戏。通过对学生学习状况的评估,教学推动代理可以在不影响学生游戏参与性的前提下促进其学习任务的完成。

(2) 检测给予学生适时的帮助。

王陆等人(2007)在研究中发现,在 RPG 教育游戏中,教师扮演一个怎样的角色、又怎样参与游戏指导学生顺利完成学习任务是很难处理和把握的。具体体现在:① 教师对游戏过程或规则采取放任自流或干涉太多;② 教师的指导过程不具备角色扮演游戏的特点,影响了游戏的趣味性;③ 无法体现教师的指导策略，使得教师的指导缺乏目的性、计划性和整体性。⑬为了解决上述问题，他们在“悟空”游戏（训练儿童的空间认知能力的教育游戏）第一版的基础上，专门设计开发了一个“教师创作工具”，使得教师能够依靠游戏的不同情节和统计数据采取必要的措施。教师一旦认为学生需要自己的支持时，就可以利用他们自己设计开发的教师创作工具来编写一段特定的游戏推送给这名需要帮助的学生。

3. 对现有游戏进行改版，创建适宜教育应用的游戏

（1）设计“清淡”版本。

为了避免现在市场上游戏应用于教学所存在的问题，Kirriemuir 和 McFarlane1(2004)提出可以提供一个主流游戏的“清淡(Lite)”版本专门给课堂教学使用。他们认为游戏厂商在已经拥有完整版的源代码的基础上，开发出一个清淡版本是很容易的。此“清淡”版本的具体做法是：① 删除所有不相关的内容；② 让游戏的内容和规则通过教育当局的检查和认可；③ 给师生提供背景材料、帮助和学习资料等；④ 提供和课程相关的学习任务和学习内容；⑤ 允许用户按正常的进度保存信息；⑥ 和游戏的完整版本保持一致性，这样学生放学回家后也可以继续玩；⑦ 为学校提供优惠的使用许可证⑮。

（2）开发“轻游戏”。

尚俊杰、李芳乐和李浩文(2005)认为，应该开发“轻游戏”，简单地说，它可以用一个公式来表示：“轻游戏＝教育软件＋主流游戏的内在动机。”㉗轻游戏的根本特点就是不追求游戏的外在形式，而追求游戏的内在特征，借此可以平衡教育游戏中的教育性和游戏性，从而可以最大限度地得到社会各界的认可。并且他们认为“轻游戏”是教育游戏之未来。

一些游戏企业也在关注这个话题并作出了积极的尝试，推出了一些有教育意义的游戏产品，如《学雷锋》《粮食力量》《鸟类摄影家》《PowerUp》和《我知道》等。

综合国内外的研究，从整体上看，对电脑游戏与教育结合问题的认识仍然处于初级阶段，相关研究工作主要是面向实践的个案研究及对现有游戏的功能探讨，并且呈现零散、没有系统归纳和理论提升的特点。在教育内容与游戏

㉗ 尚俊杰，李芳乐，李浩文．“轻游戏”：教育游戏的希望和未来[J]．电化教育研究，2005(1)．

元素结合方面缺乏有效手段，相关研究主要是实践探索，没有在理论研究的基础上从游戏的特征出发，寻求从宏观层面整体架构及微观层面具体结合的方法，因此相关研究操作性不强，无法作为理论框架来有效指导相关企业或单位开展教育游戏的设计与开发。

另外，基于我国目前的教育现状，游戏走进中小学课堂存在非常大的阻力，因此不能仅仅将游戏设计目标定位在学校课堂教育。期望通过游戏来替代传统的课堂教育，开发出学生不认可的"塑料味"（网络用语，指"说教味"）的游戏，这在目前看来价值不大。鉴于此，本书将教育游戏主要定位在供学生课外使用，将游戏的教育功能主要定位在知识和技能的课外拓展方面。

基于上述思考，本研究选择从青少年发展的角度，构建游戏与青少年发展关系的理论框架，并在此基础上结合体验学习理论和其他相关理论来整体架构教育游戏（Educational game，简称 Edu-game）。

三、研究问题和价值

（一）研究问题

1. 游戏与青少年发展的关系问题

2008 年在上海举行的"国际游戏与学习研讨会"上，企业从自身的角度出发，认为游戏就是游戏，和电视媒体等其他媒体一样，需要青少年的自控能力和家长的管理。杀人、放火、色情等只是游戏的一些表现手段，和其他表现手段一样，目的是娱乐玩家。而一些学者和教育管理部门提出了截然相反的观点，他们期望游戏能承担学校教育的功能，或者说希望将书本中涉及的所有知识游戏化。这两种观点基本上反映了目前社会、学校、家庭和企业方面对于游戏认识的极端矛盾状态，而且是很难调和的一对矛盾。解决这对矛盾的关键是理性地思考游戏与青少年发展的关系问题，只有把这个问题理清楚了，才有可能找到游戏与教育的结合点，才有可能为 Edu-game 的设计找到合适的切入点。

2. 教育游戏（Edu-game）概念的再界定问题

关于教育游戏的概念目前处于学术争鸣状态：有从教育软件的角度出发，在教育软件概念的基础上增加一些游戏的因素（如动机等），典型的是我国香港学者李芳乐等人的"轻游戏"说[27]；有从游戏的角度出发，在游戏的基础上删除与教育无关的因素的做法，典型的是 Kirriemuir 和 McFarlane（2004）的"清淡(Lite)游戏”说⑮;有从故事的角度出发,在其中增加一些交互、反馈、非线性发展等游戏要素的做法,典型的是 Martin Reiser 关于故事游戏的说法;还有从游戏的应用角度出发,将其应用于如教育、训练等非娱乐领域的游戏称为教育游戏,这在国外目前比较流行,典型的是 Seth Grimes, Ben Sawyer 和 Holger Diener 等人(2006)的严肃游戏(Serious Games)说㉘。众说纷纭的直接结果是直到目前为止在国内没有一款得到大家认可的教育游戏,或者说,究竟什么是“教育游戏”大家都语焉不详。相关产品要么缺失了“游戏”的内在品质,要么使“教育”不尴不尬无法贯彻,导致这种不伦不类的产品产生的重要原因是概念模糊。

3. Edu-game 框架体系的设计问题

在破除目前关于教育游戏的做法后,需要明确教育游戏设计的相关理论基础及方法,这涉及到 Edu-game 教育内容的选择问题,涉及 Edu-game 的进程设计、关卡设计和情节组织问题,涉及具体情节单元的内容安排及策略采用的问题,还涉及教育内容单元与具体游戏元素的结合问题等。这一系列问题需综合考虑。

(二) 研究价值

本研究的价值体现在理论和应用两个层面。

1. 理论层面

(1) 为理性思考游戏与青少年发展问题提供了新的视角。任何事物都有两面性,在游戏问题上我们不要一味地纠缠其负面影响,这不利于游戏对青少年毒害问题的解决。我们需要发现其积极的一面并加以引导和有效利用,这是解决问题之根本。在这个问题上,本研究力图博采众家之长并有所创新,构建一个可供参考的游戏与青少年发展的理论体系。

(2) 为教育游戏概念的理解提供了新的解读思路。本研究在综合目前关于教育游戏的很多概念和提法基础上,进行了较为理性的思考和归纳,从游戏设计者和游戏参与者两个角度来建构教育游戏的概念,并从目标性、规则性、策略性、自由性和娱教性五个属性来把握教育游戏。

(3) 与时俱进,促进基础教育的改革。在现今青少年选择游戏作为主要

㉘ Holger Diener. Serious Games-Games for Interactive Simulation and Training [R]. Edutainment,2006.

的数字娱乐工具这个无法逆转的大趋势下，在尊重青少年游戏需要的前提下，可以依据本研究架构的游戏与青少年发展的理论框架体系，思考如何有效利用游戏来促进青少年的发展，这需要教育层面顺应时代的发展要求，将游戏问题纳入基础教育的范畴。

2. 应用层面

(1) 为企业提供可供参照的策划思路。本研究从宏观、中观和微观三个层面对 Edu-game 的设计进行了较为全面的架构，在相关理论的指导下提出了较为可行的方法，这为相关企业开发 Edu-game 提供参考。

(2) 为游戏评价的教育考量提供了依据。本研究较全面地架构了游戏与青少年发展关系的理论框架体系，这个框架可以用于对一般游戏教育功能的全面评价，为青少年、家长或者社会选择游戏提供了可参考的标准。

四、研究方法

(一) 文献研究法

本研究建立在广泛细致的文献分析和论证基础之上。在建立游戏与青少年发展关系的理论框架的研究中，涉及 4 个维度 13 个方面需要论证，大量的论证工作主要通过相关文献中观点和数据加以论证。在教育游戏概念及 Edu-game 的设计与架构中，也大量采用了文献分析和论证的方法。

(二) 系统科学方法

系统科学方法是本书研究构建 Edu-game 框架体系的基本方法。系统是由相互联系、相互作用的若干元素构成的，具有特定功能的统一整体。系统科学方法是指用系统的观点来认识和处理问题的各种方法的总称。本研究所关注的体验理论支持的 Edu-game 框架体系是一种非常复杂的系统，从内容上涉及游戏元素、游戏界面、游戏进程、游戏关卡、游戏情节和与青少年发展有关的言语信息、智慧技能、动作技能及态度等，应用到的理论除主要的体验理论外，还涉及教学设计理论、马斯洛的需要层次理论、迁移理论及关于青少年的心理特征方面的心理学理论等。本研究力图运用系统的观点，按照系统建模的原则和步骤，从宏观、中观和微观三个层面构建较为清晰而合理的 Edu-game 框架体系。

(三) 类比推理法

在整体架构 Edu-game 框架体系的过程中，为了较为清楚地驾驭游戏进程、游戏关卡和游戏情节组织等概念及其设计，本研究采用类比推理的方法，从功能层面有效地将游戏的设计转化为教学过程的设计，采用较为熟悉的教学设计理论来规划游戏进程、游戏关卡及组织游戏情节。

（四）实践调查法

在教育内容和游戏的结合方面，我们在理论设计的基础上考虑设计的可操作性，征求了游戏企业的意见。有些方案本身就来自实践的总结，如文化的游戏植入方案，就是在考察游戏企业一般做法的基础上结合其提供的一些资料，通过归纳总结提炼出来的。对于青少年的游戏现状，我们也进行了实践调查。

第二章　青少年发展与教育游戏（Edu-game）概念界定

本研究涉及的两个主要概念是青少年发展与教育游戏，本章主要通过研究相关文献对这两个主要概念进行梳理。

第一节　青少年发展

青少年的发展开始于青春期。青春期或称青少年早期，它是身体和智力快速发展的时期。青少年中期则是一个相对稳定的时期，是对前一阶段变化的调整期和整合期。青少年晚期则是向承担责任、做出选择和抓住机会的成年期迈进的过渡时期。[29][30] 由于本研究的关注点和主体是游戏，而作为研究客体的青少年这里主要从一些明显的生理和心理特征予以考虑，因此没有对青少年作严格的年龄限制。

青少年处在生理发育和心理发展变化的一个十分重要的、剧烈的、动荡的时期，由于体内内分泌激素发生着一个"从无到有"的大变动，身体逐渐成熟，这一时期的心理特征主要表现在以下几个方面。

1. 自我意识迅速发展

自我意识就是个人对自己的行为以及自己在社会生活中所处的地位和所起的作用的认识。随着青少年的自然成长，呈现在他们面前的物质世界的形态日益复杂。自然科学知识的灌输，生活经验的积累，既可使原先认为是复杂

㉙ 莫雷，张卫. 青少年发展与教育心理学[M]. 广州：暨南大学出版社，1997.

㉚ 丁家永. 现代教育心理学[M]. 广州：广东高等教育出版社，2004.

的事物变得简单，同样，也可使原先以为简单的事物变得复杂起来。这种主观体验上的演变，增加了青少年的焦虑，在他们心目中，知识的积累反而给思维造成了空前的混乱，原先清晰透明的世界，现在却变得“混沌不堪”了，他们感到了茫然，无所适从。青少年的自我意识主要表现在：

(1) 独立意向的发展。独立意向的发展，使青少年意识到自己是个独立的人。他们要求有“自主权”，要独立处理自己的学习、娱乐内容、休息的时间和方式。

(2) 自我意识的分化。自我意识的分化，是把自我分成了观察者的自我和被观察者的自我两个部分。由于自我的分化，观察者的自我就成了主体，被观察者的自我成了客体。前者往往是“理想的我”，后者常常是“现实的我”。当理想中的我和现实中的我之间的差距超出青少年的自我调节范围的时候，他们便产生了受挫感，使心理状态失去平衡。

(3) 强烈地关心自己的个性成长和友谊。在青少年自我意识的确立和逐步社会化的过程中，他们的精神生活丰富了，视野开阔了，他们十分关心自己个性特点方面的优缺点。对周围人如何分析、评价自己，显得较为敏感，十分关注，有时还会追根问底。而且这时他们注重友谊，将友谊比作“阳光”和“鲜花”。他们将真诚的友谊，看得像生命那样重要。

(4) 自我评价的成熟。自我评价是对自身的思想、能力和水平等方面作出的自我估价。通常发生在挫折后，或是想成为“理想的我”而进行的。此时的自我评价只是最初的自我意识的调节，其最终的调节作用则表现为自我监督和控制。

(5) 较强的自尊心。自尊心是个体要求人们尊重自己的言行，维护一定荣誉和社会地位的一种自我意识倾向。自尊心是一个人需要尊重的反映，是与自信心、进取心、责任感和荣誉感有密切联系的一种积极的心理品质，也是一个人前进的动力和最敏锐的情感。青少年的自尊心都很强，他们特别需要别人的尊重。

2. 情感丰富却易冲动

进入青少年时期以后，人的情感逐渐变得丰富、活跃、富有感染力，同时又情绪不稳定，容易血气方刚，感情用事。生活中如果遇到矛盾，感到委屈或者不满时，他们便会不假思索地去争吵、怄气，甚至一气之下发生严重的反社会行为。心理学家将这一时期以情感为代表的心理特征，比喻为暴风骤雨式的

“心理动荡期”。青少年时期的情感,已脱离儿童期的幼稚型情感,逐渐从低级、单纯、较为原始的情感活动向高级、复合型、社会性情感发展。

3. 思维敏捷但缺乏恒心

青少年具有发展迅速的联想、推理、抽象、概括、逻辑和创造性思维能力。思维的方式向纵深和横向全面发展,有丰富的想象力和观察力。对新事物敏感,接受能力很强。但是青少年缺乏对事物的鉴别能力,不甚明白学习的目的。因此,他们容易从个人兴趣出发去学习,学习热情难以持久。这个时期他们的思维模式尚未定型,可塑性较大。由于其思维方法欠完善,综合和分析能力不强,学习意志不够坚定,容易产生遇难而退甚至厌学、恐学、逃学等心理障碍。这个时期,又是世界观开始形成的时期,所以,对他们进行耐心的引导和培训,就显得十分重要。

4. 自我认可也自我拒绝

一般来说,青少年都是自我认可的,他们喜欢自己的个性,具体表现为:对自己的才能,无论是缺乏还是富有,都能较现实地作自我评价;能向别人提出自己的意见和看法;对自己能一分为二,能认识到自己的优点,也能认识到自己可能会做错事、傻事,并认为失败是成功之母,从而得到自我心理补偿。但是青少年还有自我拒绝现象。它包括经常不赞成自己,自我轻视和自我怀疑,甚至感到自己不该获得奖励。最严重的自我拒绝形式表现为强烈内疚和自责。导致自我拒绝的原因是制定的奋斗目标过高,超过了自身的能力,从而达不到目标。因此,正视现实,制定符合本人实际情况的奋斗目标是十分重要的。

关于青少年的发展问题,这里参考我国关于青少年发展的理论基础——马克思主义关于人的全面发展的学说。从青少年时期的主要问题——教育问题出发,参考教育领域关于青少年发展方面的理论研究,及新中国成立以来我国教育目的的发展历程,将青少年发展问题进行归类。

一、马克思主义的人的全面发展学说

马克思主义的人的全面发展学说,体现在马克思的政治经济学理论中,他在分析资本主义劳动过程中由于分工造成工人片面的、畸形的发展的基础上,提出了人的全面发展的概念。马克思从生产力角度去分析人的发展问题,认为人作为劳动力，所需要的是体力、智力这两方面充分的、和谐的、统一的发展。[31]

在《资本论》第一版序言中，马克思开宗明义地说："这里所涉及到的人，只是经济范畴的人格化，是一定阶级关系和利益的承担者。我的观点是：社会经济形态的发展是一种自然历史过程。不论个人在主观上怎样超脱各种关系，他在社会意义上总是这些关系的产物。"很显然，马克思所认为的人，并不仅仅是经济范畴的人格化，他把人作为一定阶级关系与利益的承担者，这与人是一切社会关系的总和的思想是一致的。

根据马克思的思想，人的全面发展具有全面而丰富的内涵，也就是说，全面发展的内涵不单单是指体力与智力的充分发展，而是指发展人的一切属性，使人成为"高度文明的人"。这种高度文明的人不仅懂得生产、创造，而且懂得享受。正如马克思指出的那样："培养社会的人的一切属性，并且把他作为具有尽可能丰富的属性和联系的人，因而具有尽可能广泛需要的人生产出来——把他作为尽可能完整的和全面的社会产品生产出来(因为要多方面享受，他就必须有享受的能力。因此，他必须是具有高度文明的人)……"

从科学抽象性来说，全面发展有其丰富的内涵，它包括教育素质范畴(德、智、体素质要求，或再加上美、劳)，能力发展范畴("会做一切工作的人"，"各方面都有能力的人，即能通晓整个生产系统的人")，需要丰富范畴("具有尽可能广泛需要的人")等等。全面发展的内涵的实质无非是指发展人不断满足日益丰富的需要的物质手段与精神条件。

人的全面发展的内涵包含两层含义：一是全面发展的内容，即人的发展的全面性与丰富性；二是发展的表现，主要体现在人的各种素质的提高和人的需要的不断丰富两个方面。素质的提高是为了获取更大需要的满足，而一定需要的满足也有助于提高素质。人的需要的丰富性表现为物质需要、精神需要与社会需要的统一。

㉛　陆庆壬.人的发展和社会发展：思想政治教育学基础理论研究[M].上海：同济大学出版社，1994.

二、教育领域中关于人的发展的相关研究

在教育领域中人的发展是指一生中人是如何成长、适应和改变的，主要包括生理发展、个性发展、社会情绪发展、认知发展（思维）以及语言发展。与人的发展有关并得到广泛认可的理论主要有皮亚杰的认知发展理论和道德发展理论、维果茨基的认知发展理论、埃里克森的个性和社会发展理论、柯尔伯格的道德发展理论。[32]

1. 皮亚杰的认知发展理论

皮亚杰认为，发展就是个体在与环境的不断的相互作用中的一种建构过程，其内部的心理结构是不断变化的。为了说明这种内部的心理结构是如何变化的，皮亚杰首先引出了图式（Schema）的概念。所谓图式，在皮亚杰看来就是人们为了应付某一特定情境而产生的认知结构。最初的图式来源于先天的遗传，表现为一些简单的反射，如握拳反射、吸吮反射等。为了应付周围的世界，个体逐渐地丰富和完善着自己的认知结构，形成了一系列的图式。同时皮亚杰认为图式的变化是通过同化（Assimilation）和顺应（Accommodation）两个过程完成的。同化就是把外界元素整合到一个正在形成或已经形成的结构中，也就是说，当有机体面对一个新的刺激情境时，如果主体能够利用已有的图式或认知结构把刺激整合到自己的认知结构中，这就是同化。顺应就是同化性的结构受到所同化的元素的影响而发生的改变，即当有机体不能利用原有图式接受和解释新的刺激情境时，有机体就会对自身图式作出相应的改变，以适应新的情境。皮亚杰认为心理发展就是个体通过同化和顺应日益复杂的环境而达到平衡的过程，个体也正是在平衡与不平衡的交替中不断建构和完善认知结构，实现认知的发展。

皮亚杰认为，在个体从出生到成熟的发展过程中，智力发展可以分为具有不同质的四个主要阶段：感觉运动阶段、前运算阶段、具体运算阶段和形式运算阶段。在皮亚杰看来，并不是所有的儿童都在同一年龄完成相同的阶段。但是，儿童发展的各个阶段顺序是一致的，前一阶段总是达到后一阶段的前提。阶段的发展不是间断性的跳跃，而是逐渐、持续的变化。随着儿

---

[32] 托马斯·费兹科，约翰·麦克卢尔．教育心理学[M]．吴庆麟，等译．上海：上海人民出版社，2008.

童从低级向高级阶段的发展，他们由一个不能思维，仅依靠感觉和运动认识周围世界的有机体逐步发展成一个具有灵活思维和抽象推理能力的独立个体。

表 2.1　关于儿童认知发展阶段及各阶段的主要特征

	阶段	年龄	图式功能特征
1	感觉运动阶段	0～2 岁	凭感觉与动作以发挥其图式功能；由本能性的反射动作到目的性的活动；对物体认识具有物体恒存性概念
2	前运算阶段	2～7 岁	能使用语言表达概念，但有自我中心倾向；能使用符号代表实物；能思维但不合逻辑，不能见及事物的全面
3	具体运算阶段	7～11 岁	能根据具体经验思维解决问题；能理解可逆性的道理；能理解守恒的道理
4	形式运算阶段	11 岁以上	能抽象思维；能按假设验证的科学法则解决问题；能按形式逻辑的法则思考问题

2. *维果茨基认知发展理论*

维果茨基的研究主要基于两种观点：一是他认为只有在儿童所经历的历史和文化背景下来理解儿童的发展才有意义；二是他认为发展依赖于随着个体成长而形成的符号系统，这种符号是文化历史所创造的，用于帮助人们思维、交流以及解决问题的符号，诸如语言、文字、数学符号等。

在各种符号中，最重要的无疑是语言。语言有很多功能，但最重要的功能是把我们的思想和注意从当时的情境中——从刺激作用的那一时刻解放出来。词能代表不在眼前的事物和事件，语言能使我们反映过去和计划未来。当人类运用符号时，他们投入了中介行为(Mediated Behavior)，不只是对环境刺激进行反应，而且他们的行为也受到自己的符号的影响或者“中介”。对成长中的儿童来说，获得语言是非常重要的，它使儿童能够参与到所属群体的社会生活中，同时，语言也促进儿童思考。

另外两个重要的符号系统是文字和数学符号。文字的发明是人类的一个巨大成就，它使人类将信息永久地记录下来。数学符号使人们能以更加抽象的方式处理量的关系。文化所提供的这些符号系统对认知发展有重要影响，它们不仅是人与其他种系相区别的独特特征，也使纯抽象水平或理论层次上的推理等高级思维成为可能。由于社会文化因素具有很大的历史性和相对性，维果茨基的学说被称为文化—历史学派。

维果茨基突出强调了语言与认知发展的关系。他认为语言具有调节思维与行动的功能。与皮亚杰一样，维果茨基也注意到了幼儿期出现的自我中心语言，但他们的解释却截然不同。皮亚杰认为自我中心语言是幼儿在思考时的一种缺陷，表明他们还不能根据听众来调节自己的语言。到了具体运算阶段，自我中心语言就会自动消失。而维果茨基比较强调自我中心的积极作用，认为它能帮助儿童解决问题。他观察到儿童在遇到困难任务时，自我中心语言成倍地增加，说明儿童运用自我中心语言帮助其思维。因此他认为自我中心语言具有促进儿童心理发展的功能，而且他也不同意皮亚杰认为自我中心语言最终会消失的观点，他认为并没有消失，而是内化成内部语言，一种无声的对话。

维果茨基认为高级心理功能只有经过适当的教育才能获得。因此如何通过教育促进发展成为维果茨基关注的一个重要课题。维果茨基认为传统的成就测验只告诉我们儿童目前的发展水平，却无法了解他们潜在的发展水平。要了解儿童的学习潜能，可以通过给予儿童适当的帮助后观察其能够达到的水平。他举例说，两个 8 岁男孩在传统的智力测验上得分相当，表明他们目前处于同一水平。但是当给他们呈现一些难题以至他们不能独立解决时，分别给他们一些小小的帮助，他们的差异就表现出来了。其中一个男孩得分达到了 9 岁的水平，而另一个达到了 12 岁的水平。显然，他们学习新事物的潜能是不同的。维果茨基把儿童独立所能达到的解决问题的水平与经他人指导帮助后所能达到的潜在发展水平之间的距离称为“最近发展区”。为此，维果茨基提出教育要走在发展的前面，教育必须面向未来，儿童今天通过他人的帮助才能解决问题，明天他将能够独立完成任务。

3. 埃里克森的个性和社会发展理论

埃里克森的个性和社会发展理论经常被称为心理社会发展理论(Psychosocial Theory)，他认为人格发展受社会文化背景的影响和制约，他把发展看作一个经过一系列阶段的过程，每一阶段都有其特殊的目标、任务、冲突。各个阶段互相依存，后一阶段发展任务的完成依赖于早期冲突的解决。他还指出，不仅所有发展阶段是依次地相互联系着，而且最后一阶段和第一个阶段也是相互联系着的。他把人的心理发展分为八个阶段。

(1) 信任对怀疑(0～1.5 岁)。这一阶段,主要是建立对世界的基本信任感,否则会产生不安和怀疑,甚至影响到成年期的发展。基本需要和重要事件是喂养。

(2) 自主对羞怯(1.5～3 岁)。这一阶段的儿童表现出自我控制的需要与倾向,渴望自主并试图自己做一些事情。父母要允许儿童自由探索,给予适当关怀和保护,帮助儿童形成自信心。否则会使儿童对自己的能力产生怀疑,甚至可能会导致个体一生对自己的能力产生怀疑。重要事件是排泄训练。

(3) 主动感对内疚感(3～6、7 岁)。这一阶段的儿童活动范围开始超出家庭的圈子,追求出于自我利益的和动机的活动,成年人应监督而不是干涉儿童的主动性和创造性的活动,否则可能会造成儿童缺乏尝试和主动的性格。重要事件是独立性的形成。

(4) 勤奋感对自卑感(6～12 岁)。本阶段儿童开始进入学校学习,面临来自家庭、学校以及同伴的各种要求和挑战,在追求成功感时遇到的困难和挫折导致了自卑感,但成功的经验增强了儿童的胜任感,有助于儿童在以后的社会生活中建立勤奋的特质。主要事件是在学校的表现。

(5) 同一性对角色混乱(12～18 岁)。这一阶段大体相当于少年期和青春初期,个体开始受到自我概念问题的困扰,体验着角色同一性和角色混乱的冲突。自我同一性的形成与职业的选择、性别角色的形成、人生观的形成等有着密切的联系。基本需要是同伴关系。

(6) 友爱亲密对孤独(18～30 岁)。这一时期相当于青年晚期,此时个体如果能在人际交往中建立正常的人与人之间的友好关系,可形成一种亲密感。与他人保持一种长期的友好关系,学会与他人分享而不计较回报。重要事件是恋爱。

(7) 繁殖对停滞(30～60 岁)。这一阶段包括中年期和壮年期。繁殖不仅包括人的繁衍后代,而且包括人的生产能力和创造能力等基本能力或特征。本阶段个体面临抚养下一代的任务并把下一代看作自己能力的延伸。重要事件是养育指导子女。

(8) 完美无憾对悲观绝望(60 岁以后)。本阶段相当于老年期,这一阶段受前几个阶段的发展影响较大,如果个体在前几个阶段发展顺利,个体则会巩固自己的自我感觉并能够完全接受自我,获得自我完满感,反之将陷入绝望,并因而害怕死亡。重要事件是反省和接纳死亡。

4. 皮亚杰的道德发展理论

皮亚杰的认知发展理论实际上也包括道德推理发展理论。皮亚杰认为，认知结构和认知能力首先得到发展，之后认知能力决定着儿童对社会情景的推理能力。皮亚杰认为，随着认知能力的发展，道德发展也按预定的阶段进行，从一个非常自我中心的道德推理阶段发展到以合作和互利为基础的公平系统阶段。

皮亚杰认为："一切道德都是一个包括有许多规则的系统，而一切道德的实质就在于个人学会去遵守这些规则。"正因为皮亚杰认为道德是从遵守规则开始的，所以他首先从分析社会性游戏的规则入手来说明儿童道德判断的起源和发展，然后从游戏规则转到成人制定的那些具有特别道德意义的规则。在他看来"打弹子"这一社会性游戏包含着一套复杂的规则，这些规则就像道德规则一样代代相传，并在它们被要求尊重的范围内得以保存和实践。如果尊重规则是道德的开始，那么在打弹子游戏中考察儿童的规则意识和实践，就是开始一般地研究儿童道德判断的好地方。皮亚杰试图通过观察与询问来查明儿童何时才懂得游戏的规则并能在实践中切实应用这些规则。

皮亚杰在大量研究基础上将儿童的道德发展进程概括为两大阶段：他律道德阶段和自律道德阶段，并认为道德发展的过程也就是从他律道德发展转变为自律道德的过程。

他律道德是儿童道德发展的第一阶段，又可称为强制道德，这种道德的形成源于儿童对成人权威的单方面的尊重，父母和其他年长者通常喜欢通过运用他们的权力来强制儿童遵守他们所制定的规则。这种强制一般不会遭到儿童的反抗，因为他们对成人的权威和成人道德的完善性具有单方面的尊重。但由于认知的局限，儿童并不能真正理解成人制定规则的意图，也不能理解道德规则的发生和它们的运用。道德规则对年幼儿童具有强制性并不是因为它们总结了什么是正确的或公正的，也不是因为它们能够调节人与人之间的相互关系或使人们以公平的方式达到相互愿望的目的，而仅仅是因为这些规则是成人所制定和命令的。

随着儿童道德观念的发展，他律道德必然被更高层次的自律道德所取代。自律道德以相互尊重、平等和协作为标志。根据皮亚杰的观点，随着年龄的增长和知识的增加，儿童开始明白规则并不是绝对的，而是大家相互尊重并基于互惠原则而共同制定的。儿童为了维护彼此间的团结必须尊重规则但并不是盲目服从，只要大家一致同意，规则还可以被灵活地修改。如果儿童违反规则也不一定受到惩罚，而是必须考虑过错者的意图以及具体情形来决定是否原谅其错误，这时的评价由只考虑后果的客观责任的观念转向了注重动机意图的主观责任的观念。

根据皮亚杰的观点，由于认知结构的发展，儿童从他律道德阶段发展到自律道德阶段。在这个过程中，发展状况相同的同伴之间的相互作用对道德发展也具有一定的影响。他认为同伴之间的冲突解决使得儿童对成人权威的依赖有所减弱，同时也加强了他们的这种意识：规则是可以改变的，只有彼此赞成时，它才有存在的价值。

5. 柯尔伯格的道德发展理论

柯尔伯格认为，思想品德是人的特征，它伴随着人类社会历史的发展而发展。思想品德的内涵是指个体按一定的政治、思想、道德等社会意识和行为规范所表现出来的稳定特征和倾向。从外延上讲，它包括了道德品质、思想品质和政治素质。柯尔伯格的道德推理阶段理论是对皮亚杰理论的修正与完善。和皮亚杰一样，柯尔伯格研究了儿童对于规则是怎样推理的，这些规则经常调控着个体在某种情景中的行为。柯尔伯格不是对儿童的游戏行为进行考察，而是考察儿童对一系列结构化的情景或道德两难(Moral Dilemmas)问题的反应。

思想品德具有主体性特征，在柯尔伯格看来，个体思想品德的形成和发展具有鲜明的主体性特征。它主要表现在两个方面：一是个体思想品德的形成是个体主动与环境互动的结果，思想品德的发展需要建立在主客体相互作用的基础上；二是道德判断能力内化于个体身上，并随着个体成熟而不断发展。因此，个体思想品德的形成和发展，既不是由于外物的一种简单复本，也不是由于主体内部预成结构的独立显现，而是主体和外部世界在连续不断的积极互动作用中逐渐建立起来的一套结构。

柯尔伯格把儿童道德发展进一步划分为三个水平、六个阶段：

(1) 前习俗水平(Preconventional Level of Morality)：规则由别人制定。

第一阶段：惩罚和服从取向。在这一阶段儿童服从权威，避免惩罚，道德行为凭结果来判断正误。

第二阶段：相对功利取向。在这一阶段儿童希望获得奖赏和别人的好感，认为能满足自己和别人的需要都是对的。公正互惠的成分有所体现，但是他们主要按照“你帮我，我就帮你”的方式来解释。

(2) 习俗水平(Conventional Level of Morality):个体接受规则,有时使自己的需要服从于群体的需要。

第三阶段:“好男孩—好女孩”取向。这一阶段的儿童避免遭人谴责、惹人不悦,希望与别人维持良好关系。

第四阶段:遵守法规取向。这一阶段儿童希望避免执法当局的指责及由此产生的内疚,维护法律和秩序的道德定向。

(3) 后习俗水平(Postconventional Level of Morality):人们根据自己选定并遵循的伦理规则来界定自己的价值观。

第五阶段:社会契约取向。这一阶段儿童维护契约的道德定向,尊重公正无私的执法者,不违反大多数人意愿和幸福。

第六阶段:普遍伦理取向。这一阶段的儿童坚持普遍原则的道德定向,并避免受到良心的谴责。

柯尔伯格认为道德两难问题可用来提升儿童的道德推理水平,但是一次只能提升一个阶段。他从理论上指出:与推理水平比自己高一个、至多高两个的人相互作用,这种方式可以促使儿童从一个阶段发展到下一个阶段。

三、新中国成立以来我国教育目的几次调整所涉及的人的发展

新中国成立初期,针对当时学生健康不佳的状况,毛泽东在 1950 年和 1951 年两次提出“健康第一,学习第二……全国学校都应如此”的指示。1953 年 6 月 30 日他又提出著名的“身体好,学习好,工作好”的“三好”指示,把身体健康放在教育目的的重要位置。许多学校在执行过程中,把“三好”改为“身体好、学习好、思想好”,“三好”成了各级各类学校全面发展的同义语。

1956 年,《人民教育》针对忽视个别差异和个性特点等的问题,在全国开展了有关“全面发展与因材施教相结合”问题的讨论,明确了全面发展不是“平均发展”和抹杀学生个性的“齐头并进”,全面发展只有同因材施教发挥专长结合起来,才能培养学生的个性和爱好。

1957 年,毛泽东提出:“我们的教育方针,应该使受教育者在德育、智育、体育几方面都得到发展,成为有社会主义觉悟的有文化的劳动者。”

1958 年,中共中央、国务院在《关于教育工作的指示》中对 1957 年的教育方针给予了肯定,并提出:“党的教育方针使教育为无产阶级政治服务,教育与生产劳动相结合。”中共中央和国务院在对实际工作进行经验总结的基础上,

从国情出发,提出:“我们所主张的全面发展,是要使学生得到比较全面的和比较广博的知识,发展健全的身体,发展共产主义的道德。……‘有社会主义觉悟的有文化的劳动者’就是既懂政治,又有文化,既能从事脑力劳动,又能从事体力劳动的人。这就是全面发展的人,就是又红又专的人,就是工人化的知识分子,就是知识分子化的工人。”

整个60年代和70年代都没有新的提法。

1981年,在党的第十一届六中全会通过的《关于建国以来党的若干历史问题的决议》中,对教育目的有这样的表述:“坚持德智体全面发展、又红又专、知识分子与工人农民相结合、脑力劳动与体力劳动相结合的教育方针。”1981年11月召开的五届人大的政府工作报告中,又提出:“使教育者在德育、智育、体育几方面都得到发展,成为有社会主义觉悟的有文化的劳动者和又红又专的人才,坚持脑力劳动和体力劳动相结合,知识分子与工人农民相结合。”

1982年,新宪法中规定:“中华人民共和国公民有受教育的权利和义务。国家培养青年、少年、儿童在品德、智力、体质等方面全面发展。”

1985年在《中共中央关于教育体制改革的决定》中,对培养人的表述有了新的提法:“所有这些人才,都应该有理想、有道德、有文化、有纪律、热爱社会主义祖国和社会主义事业,具有为国家富强和人民富裕而艰苦奋斗的献身精神,都应该不断追求新知,具有实事求是、独立思考、勇于创造的科学精神。”这个时期的时代精神是刚刚转向经济建设,是一个需要经济建设人才的时代,是一个需要思想解放的时代,是一个需要新的精神面貌的人的时代。因此提出“四有”人才和科学精神。

1986年,《中华人民共和国义务教育法》颁布,义务教育法规定,义务教育的目的是:“义务教育必须贯彻国家的教育方针,努力提高教育质量,使儿童、少年在品德、智力、体质等方面全面发展,为提高全民族的素质,培养有理想、有道德、有文化、有纪律的社会主义建设人才奠定基础。”

1993年颁布的《中国教育改革和发展纲要》中提出:“教育改革和发展的根本目的是提高民族素质,多出人才,出好人才。各级各类学校要认真贯彻‘教育必须为社会主义现代化建设服务,必须与生产劳动相结合,培养德、智、体全面发展的建设者和接班人’的方针。”

1995年3月颁布的《中华人民共和国教育法》中将教育方针表述为:“教育必须为社会主义现代化建设服务,必须与生产劳动相结合,培养德、智、体等方面全面发展的社会主义事业的建设者和接班人。"

1999年在全国人大二次会议通过的《政府工作报告》中和全国教育工作会议通过的《中共中央、国务院关于深化教育改革全面推进素质教育的决定》中，对教育方针的表述是："教育必须为社会主义现代化建设服务，必须与生产劳动相结合，培养德、智、体、美等方面全面发展的社会主义事业建设者和接班人。"

我国现行的教育方针继承和发展了新中国成立以来提出的教育方针，具有如下特点：

第一，坚持社会主义方向，为社会主义建设服务是我国教育方针的根本特点。

第二，坚持教育与生产劳动相结合是培养社会主义建设者和接班人的根本途径。

第三，德、智、体等方面全面发展是社会主义教育的质量标准。

综上所述，我国经常出现教学目标是"德、智、体"或"德、智、体、美"，或是"德、智、体、美、劳"之争。如果参考布卢姆的教育目标分类理论，从认知、动作技能和情感三个领域来考察处理教学目标，那么这些争论便可迎刃而解。因为"美育"可以用认知、情感和动作技能来解释，劳动教育也可用认知、情感和动作技能来解释，所以只要在教育目标中处理好认知、情感和动作技能的关系，所有问题都可以得到有效解决，而这也能解释马克思主义关于人的全面发展和教育领域中关于人的发展的描述。因此本书中关于游戏对青少年发展的影响问题从认知、动作技能和情感三个领域展开。

第二节　教育游戏（Edu-game）

在希腊语中，游戏（paidiá）和教育（paideía）这两个词的词根是一样的，都指称儿童（pais）的活动，这预示着对二者关系的研究从没有被教育研究者漠视过。柏拉图（Plato）是第一个研究二者关系问题的，他言称的教育包括游戏成分，以游戏帮助教育。亚里士多德（Aristotle）认为游戏是七岁以前儿童教育的一种方法。夸美纽斯（Comenius，J. A.）重视游戏在学前教育中的意义，指出游戏可以使儿童"自寻其乐，并可锻炼身体的健康、精神的活泼和各种肢体的敏捷”。福禄倍尔(Froebel, F. W. A.)以游戏作为幼儿教育的基础,认为游戏是童年生活中最快乐的活动,是表现和发展儿童的自动性和创造性的最好的活动形式。成人既应允许儿童自由地尽情地游戏,又必须注意观察和指导儿童的游戏,从而通过游戏增进儿童的体力和智力,利用儿童与同伴的共同游戏,培养公民意识和意志品质,进行道德教育。杜威(Dewey, J.)更是认为“没有一些游戏和工作,就不可能有正常的有效的学习”,在学校这个环境里,“游戏和工作的进行,应能促进青年智力和道德的成长”。这一研究传统一直持续到当下,恕不一一列举。所有这些研究都是将教育和游戏结合,用游戏这种活动作为推进教育的手段。

随着20世纪后期电子技术和计算机技术的发展,众多的电脑游戏走进我们的家庭,走进我们日常的娱乐生活中。从流行至今的拱廊游戏机(简称街机)到不断发展的个人电脑,从任天堂(NINTENDO)的FC、世嘉(SEGA)的MD到现在的微软XBOX 360、SONY的PSP,电子技术和计算机技术为传统概念的游戏开创了逼真的虚拟世界,游戏者沉浸在其中体验着与现实世界不一样的新奇感受。这种以电子技术和计算机技术作为支撑的游戏称为电脑游戏,电脑游戏是电子技术发展的必然产物。

在电脑游戏技术快速发展的同时,游戏中的一些积极品性已逐渐引起国内外学者的高度关注,国外有一些学者尝试用电脑游戏进行教学,如Alice Mitchell和Carol Savill-Smith的“使用计算机和视频游戏进行学习”(The use of computer and video games for learning)[33],Marc Prensky(2001)的“基于数字游戏的学习”(Digital Game-Based Learning)[34]等。国内也有一些研究者尝试提取电脑游戏的动机,并研究游戏中的策略和规则,希望通过从不同层面研究如何将电脑游戏应用于教学,如“电脑游戏在教育领域内的研究现状分析”[35](楚学娟,杨雪),“轻游戏:教育游戏的希望和未来”[27](尚俊杰,李芳乐,李浩文等)。国内外关于电脑游戏的教学应用研究为电脑游戏走进教育领域奠定必要的理论和实践基础,这将导致电脑游戏和教育的结合。

㉝ Alice Mitchell and Carol Savill-Smith. The use of computer and video games for learning[M]. Information Society Technologies, 2006.

㉞ Prensky M. Digital game-based learning[M]. New York: McGraw-Hill, 2001.

㉟ 楚学娟,杨雪.电脑游戏在教育领域内的研究现状分析及其应用途径[J].现代教育科学,2006(1).

一、教育游戏的概念

1. 国内外关于教育游戏的概念描述

目前国内外关于教育游戏的描述主要集中在操作层面，可归纳为两种：做减法和做加法。

做减法：通过对一些有教育品性的电脑游戏进行改造，删除所有与教学不相关的内容而制作成教育游戏。这方面研究工作比较突出的有 Kirriemuir 和 McFarlane(2004)的"清淡（Lite）"游戏说[15]。Kirriemuir 和 McFarlane 试图将游戏应用到课堂中去，通过考察发现存在一些障碍：教师很难快速判断哪些游戏适合教学使用；要想让教育当局认识到游戏具有的教育潜力是比较困难的；教师缺少时间去熟悉游戏，因此不能更好地发挥它的用处；由于游戏中存在大量与学习不相关的内容，因此会浪费课堂时间。为此 Kirriemuir 和 McFarlane 于 2004 年提出采用主流游戏的"清淡（Lite）"版本给课堂教学使用，清淡版本的游戏主要特征：删除所有不相关的内容；让游戏的内容和规则通过教育当局的检查和认可；给师生提供背景材料、帮助和学习资料等；提供与课程相关的学习任务和学习内容；允许用户按正常的进度保存信息；和游戏的完整版本保持一致性，这样学生放学回家后也可以继续玩；为学校提供优惠的使用许可证。

做加法：通过将一些具备游戏潜质的软件进行改造，增加一些必要的游戏要素而制作成教育游戏。这方面工作比较突出的是我国香港学者李芳乐等提出的"轻游戏"说。所谓"轻游戏"指的是：首先，它是一个教育软件，其中的内容和任务都是和课程相关的。当任何人看到"轻游戏"时，他首先会认为这是一个教育软件，而不是一个游戏。其次，它必须具备主流游戏的某些特征，充分利用主流游戏的内在动机，如挑战、好奇、幻想、控制、目标、竞争、合作等(Malone and Lepper，1987)；它应该能很容易地被用到课堂教学中，所以它应该符合学校的课程模式和规则，比如，应该将每部分所用的时间尽可能限制在 50 分钟内[27]。简单地说，它可以用公式表示："轻游戏"＝教育软件＋ 主流游戏的内在动机。在做加法方面还有一些学者提出其他方法，如 Martin Reiser 提出对故事进行改造，通过在故事中增加交互，将故事情节由原来的线性发展改成非线性发展，并增加对用户及时反馈等一系列手段将故事改造成教育游戏。

这两种描述从操作层面都提出了较好的思路，但都没有揭示教育游戏的本质，读者也无从明白究竟什么是教育游戏。另外这两种做法本身还有一些问题值得思考。如按第一种做法，如果游戏仅保留与教学相关的内容，这时候游戏就变成了电子化了的教材，大部分激发动机的因素将不复存在，游戏变得枯燥无味，这时候的教育游戏与其说是游戏不如说是传统意义上的电脑教育软件。如按第二种做法，主要问题是教育软件与游戏要素的结合，这不是一个简单的加法问题，有很多问题值得考虑，如学习内容是用游戏来串联还是将其分布在游戏过程之中，游戏成分的多少与学习者的认知特点等。因此这种做法应涉及到教育学、心理学等方面知识，是技术、内容与理论多方面相结合的一项系统工程，最终应该达到教育内容与游戏要素之间的有机融合。

除了上述的两种描述外，近年国外还出现严肃游戏(serious game)的描述。在2004年以及2005年“严肃游戏峰会”(Serious Games Summit)里，参与会议的大多数人从形式和作用方面给出了严肃游戏的定义：远超越传统游戏市场的互动科技应用，包括人员训练、政策探讨、分析、视觉化、模拟、教育以及健康与医疗；能够解决其他方面的问题，诸如训练军人适应异国的文化、让人们在工作时发挥团队精神、教导儿童理解科学原理。另外还有一些学者从应用和研究领域的角度给出了严肃游戏的定义，如Ben Sawyer将严肃游戏描述为：严肃游戏是指所有不是以娱乐为主要目标的电脑游戏，以及那些以娱乐为目标但同时还具备娱乐以外的其他目标的电脑游戏[28]。Seth Grimes将严肃游戏描述为：严肃游戏是研究将游戏和仿真应用于没有娱乐性的领域——教育、训练、健康、国家政策、防御、通信等。

2. *游戏一词的词性辨析*

为了解释教育游戏的概念，这里有必要先对“游戏”一词的词性进行辨析，因为“游戏”一词在中文里有两种词性：动词和名词，这类似于英文中的“play”和“game”两个词。动词的“游戏”是指一种行为、动作，即游乐嬉戏。名词的“游戏”有两个意思，一是指游戏行为、动作持续一段时间的过程，即游戏是一种活动；二是指游戏活动的客体，比如游戏的工具、观念中的游戏，这是游戏的实体化形式。

本书所说的“教育游戏”概念中的“游戏”是指游戏活动的客体，并且不具有过程性和动作性，因此应该将教育游戏与教育游戏活动、教育游戏行为相区别。“教育游戏”概念中的游戏继承了“教育游戏”的词性，代表游戏活动的客体，其主要表现形式是电子化软件。

3. 教育游戏的概念

从前面的词性分析可知，教育游戏是电子化的软件，由游戏设计和制作人员创作，承载着具体的教育和娱乐目的，它的运行状态可为游戏者提供包含教育内容的游戏环境，游戏者在此环境中可进行游戏活动。游戏者在此环境中的游戏活动是指游戏者依据游戏规则，使用游戏策略，为最终达成游戏目标而进行一系列的活动。游戏者在游戏过程中既可获得与日常生活不同的紧张、喜悦等感情，又可完善或者提高自身性能的某些方面。

上述描述中涉及游戏目标、游戏规则、游戏策略和游戏环境四个概念，其中游戏策略主要是指游戏者依据具体的游戏进程和自身情况、为达成游戏目标而采用的策略，是游戏者层面内容，这里不加详细描述。其他三个概念可以理解为游戏的三个要素，其中游戏目标是核心，游戏者可通过在游戏环境中对游戏对象的实际操作来达成游戏目标，其在游戏环境中的活动必须遵循游戏所制定的规则，这三者的具体关系可用图 2.1 来表示。

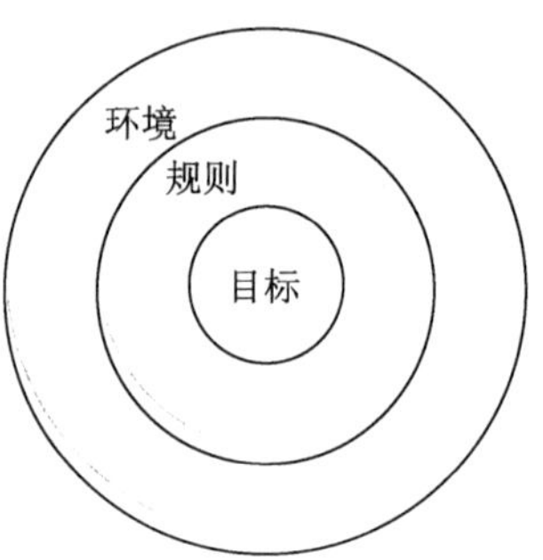

图 2.1　教育游戏的概念图

4. 概念解释

上述教育游戏概念中涉及游戏目标、游戏规则和游戏环境三个概念，下面对其进行简要阐述。

教育游戏目标：是教育游戏设计者为游戏者的游戏活动设计的包含了关于教育目的考量的预期结果。

教育游戏规则：是教育游戏设计者根据教育游戏目标预设的包含了教育价值的规定，一般通过预设一组事件及事件的可能组合，用来激发游戏者的游戏动机、支持游戏过程的形成，并强制性地规范游戏者的游戏行为，可使游戏者在游戏过程中产生有价值学习。其中游戏动机主要表现为:挑战、好奇、幻想、控制、竞争、合作及目标实现等。

教育游戏环境:在计算机软、硬件及某些传感器支持下生成的,包含有教育功效的健康的环境,是对真实或想象环境的一种模拟,游戏者在此环境中可获得多种感官刺激与动作反馈。

二、教育游戏的属性

根据上述关于教育游戏概念的描述,教育游戏的属性可以从目标性、规则性、策略性、自由性和娱教性五个方面来归纳。

1. 教育游戏是有目标性的活动

游戏目标是游戏者对自己游戏行为结果的期望,是游戏者参与游戏的动力与原因。游戏者在游戏环境中的游戏活动是有目的的活动,游戏者的目标会随着游戏进程的发展而改变。伽达默尔认为当游戏者严肃地进入游戏后,在游戏的不断引诱下,游戏者逐渐偏离自己[36]。游戏者游戏的最终目标指向是游戏设计者预设的游戏目标,称为游戏设计目标。

游戏设计目标是指游戏设计和制作人员在策划并开发游戏时为游戏者的游戏活动预设的行为结果。任何一款游戏软件都有其特定的游戏设计目标,并给游戏者提出若干项任务。作为教育游戏的设计目标是包含了关于教育目标考量的游戏者的游戏行为的预期结果,包括游戏的娱乐设计目标和游戏的教育设计目标两个方面。

游戏的娱乐设计目标是指游戏设计者对游戏者进行游戏娱乐活动的结果预期。游戏者的游戏一般从小的情节发展出发,指向有限(如大多数故事类游戏)或无限(如部分益智类游戏)的终端,目的是通过游戏来满足自身的娱乐需要。

游戏的教育设计目标一般依据具体的教育内容,采用游戏的表现手法,最终通过游戏者的游戏所能达到的教育结果的预期。游戏的教育目标在游戏中的表现形式有显式和隐式之分。显式类游戏有明确的教育目标,通常游戏者事前通过一些介绍就能了解其教育目标,这类游戏一般专指为教育目的而开发的游戏,如学雷锋游戏,这个游戏的主题是宣传“七不”等日常行为规范,让

---

[36] 伽达默尔.真理与方法(上)[M].洪汉鼎译.上海:上海译文出版社,1999.

青少年在游戏过程中学习雷锋做好事。隐式类游戏没有明确的游戏教育目标,主要是在游戏过程中通过游戏场景对游戏者进行影响,游戏者在娱乐的同时无意地接受到一些新的知识、技能等,这类游戏主要是以娱乐为主要目的的一般游戏,如益智类游戏、策略类游戏等。

2. 教育游戏是有规则性的活动

教育游戏的规则性是指游戏者的游戏活动受到游戏规则的严格约束,"一旦规则被破坏,游戏世界也就土崩瓦解了"㊲。游戏规则是游戏设计和开发者依据游戏设计目标设定的对游戏者行为约束的规定。

教育游戏规则在一般游戏规则的基础上还应该保证游戏行为的健康性和科学性,即还应包含教育价值的规定。因此教育游戏的规则性可以理解为游戏设计者根据教育游戏设计目标预设的包含了教育价值的规定,用来强制性地规范游戏者的游戏行为。教育游戏规则要有助于游戏者在游戏过程中产生有价值学习。

3. 教育游戏是有策略性的活动

教育游戏的策略性是指游戏者依据具体的游戏进程和自身情况、为达成游戏目标而采用的策略。任何一款游戏在设计时都考虑采用相应的手段和方法来吸引并维持游戏者参与,称为游戏设计策略。

游戏设计策略是游戏设计和开发者为吸引游戏者参与游戏并达成游戏目标而预设的一组事件及事件的可能组合,合理的游戏策略应该有利于支持游戏者的游戏动机,游戏动机主要表现为:挑战、好奇、幻想、控制、竞争、合作及目标实现等。

游戏者在依据游戏规则进行游戏行为的过程中,必须适当地、巧妙地采取某种策略来挑战游戏设计策略,从而完成游戏或达到最佳的游戏效果。游戏者的游戏策略取决于游戏者的认知水平以及知识的应用,因此教育游戏的设计策略应该在考虑游戏对象认知特点的基础上、在相应学习策略的支持下完成其设计。

4. 教育游戏是自由性的活动

教育游戏的自由性是指游戏者在教育游戏环境中的游戏活动是自由的,"在被命令之下所进行的游戏已经不能叫作游戏了"㊲。这里说的自由是指在

㊲ 胡伊青加. 人・游戏者[M]. 成穷译. 贵阳:贵州人民出版社,1998.

游戏规则许可下的自由，主要表现在三个方面：

首先，游戏者可以自由地安排和规划游戏活动本身，一般不受外在某种力量的支配。那种在教师和家长严格监督下，要求学生按步骤进行的游戏，这种行为本身失去了游戏的本来意义，应该理解为一种学习行为，是一种游戏环境支持的学习行为。

其次，表现为游戏者心理的轻松性，"游戏的轻松性在主观上是作为解脱而被感受的"，之所以解脱，乃因为游戏者获得了成就感，当然，"这种轻松性不是指实际上缺乏紧张性"，这种状态就是过程紧张，结果轻松。

最后，游戏是自由的不意味着混乱和自我放任，游戏者的活动受到游戏规则的制约，游戏者的游戏活动安排必须遵守游戏规则，可在规则许可下制定自己的活动方案，类似于现实环境，在游戏中任何活动方案都存在成功和失败的可能，游戏者需对自己的游戏行为产生的结果负责[36]。

作为教育游戏的自由性表现在充分尊重游戏者的自主性，游戏者有选择游戏并规划游戏方案的自由，但考虑到许多游戏者特别是低年龄儿童没有养成在游戏中关注游戏环境所隐藏的知识的习惯，因此需要对其加以适当引导，以使游戏者学会在游戏中吸取养分，并进而养成游戏中学习的习惯。只有这样，游戏的教育功效才可能得以发挥。

5. 教育游戏是娱教性的活动

教育游戏的娱教性是指游戏者在游戏中享受游戏带来的紧张、喜悦等感情的同时，还能通过游戏环境来获取知识，这是由教育游戏的游戏设计目标决定的。

游戏作为互动性很强的活动，加上逼真的游戏环境容易使游戏者沉浸在其中，这种沉浸可以为教育利用产生积极学习。美国一位颇有名气的脑科学家说过："游戏所给予的愉快与乐趣，是一种天然的学习诱因；不让孩子游戏，就是剥夺了他们这种天赋的学习报酬。"[38]这里涉及到游戏的娱乐功能与教育功能的结合问题，最终应该达到教育内容与游戏要素之间的有机融合，实现"游戏"即"学习"、"学习"即"游戏"，这是教育游戏追求的目标。

---

[38] 曹中平，蒋欢. 游戏功能的再认识——来自脑科学研究的启示[J]. 调查与研究 2005，33(7—8).

本章小结

本章主要阐述了与本研究密切相关的两个概念——青少年发展和教育游戏(Edu-game)：

1. 关于青少年发展问题，在对相关文献梳理的基础上，将其归纳为认知领域的发展、动作技能领域的发展和情感领域的发展三个方面。

2. 关于教育游戏问题，本文在对相关文献梳理的基础上，重新界定了教育游戏的定义：教育游戏是电子化的软件，由游戏设计和制作人员创作、承载着具体的教育和娱乐目的，它的运行状态可为游戏者提供包含教育内容的娱乐环境，游戏者在此环境中可进行交互操作活动。游戏者在此环境中的游戏活动是指游戏者依据游戏规则，使用游戏策略，为最终达成游戏目标而进行的一系列活动。游戏者在游戏过程中既可获得与日常生活不同的紧张、喜悦等感情，又可完善或者提高自身性能的某些方面。在此基础上对教育游戏的属性展开研究，并将其总结为具有目标性、规则性、策略性、自由性和娱教性的活动。

第三章　体验学习——Edu-game设计理论

行动源于思考，而思考源于体验——我们不能从书本中去了解人类。

——本杰明·迪斯莱利

让体验成为学习和发展的源泉。

——D·A·库伯

经验并非是人类与其本质隔离开来的一块屏障，而是逐渐深入本质核心的一种方式。

——约翰·杜威

基于我国的教育现状，游戏缺乏走进学校课堂教育的条件。在尊重青少年对游戏需求的前提下，我们将Edu-game的教育功能定位在课外知识和技能的拓展方面。在这种状况下，青少年的游戏活动是一种不受老师支配的自主行为。因此如果游戏有教育价值的话，青少年要想获得游戏中的知识和技能，就需依赖自己在游戏中的行为体验，从这个角度讲体验学习理论是指导Edu-game设计的可行理论。游戏环境可以理解为一个适宜于青少年发展的体验环境(在第三章第二节中论述)。体验学习理论模型力求构建一个能够探讨和加强教育、工作和个人发展之间的重要联系的框架[39]。对游戏来说工作场所就是游戏环境，青少年可以通过游戏体验来获得个人的发展。因此本章将体验学习理论作为Edu-game的设计理论加以梳理。

㊴　D. A. 库伯. 体验学习[M]. 王灿明，朱水萍，等译. 上海：华东师范大学出版社，2008.

第一节 体验学习

一、体验学习概念

体验学习(Experiential Learning,EL)强调体验在学习过程中的重要作用,认为学习是体验的转换并创造知识的过程,把学习看作是结合了体验(Experience)、感知(Perception)、认知(Cognition)与行为(Behavior)四个方面整合统一的过程。学习的过程其实就是体验的过程,脱离体验谈论学习没有任何意义。体验不能被忽略:它是所有学习的核心思考点。学习建立并源自体验:不论刺激学习的外部因素是什么——教师、材料、有趣的机会——只有当学习者进行了体验,至少某种程度上进行了体验,学习才会发生。只有通过转化学习者的体验,这些外部影响因素才能起作用[40](柯林·比尔德等,2003)。体验对每个学习者来说都是一种最基本与自然的学习方式,是他们每天都在有意与无意中从事的一种活动。"体验学习"是以学习者为中心,把自己从体验中获得学习结果视为最佳的学习方式,并在有意识思考各种经验的基础上发展知识、技能和态度的过程,是学习者发现内心价值和焕发生命活力的发展过程[41](王嘉毅、李志厚,2004)。

体验学习理论强调体验在学习过程中的重要作用,可以从以下几个方面理解[39][40]:

(1) 体验学习是作为一个学习的过程,而不是结果。体验学习更加关注学习过程,认为观念不是一成不变的,思维的永恒成分总是通过体验来构成和重构。体验学习理论将学习描述为一个起源于体验并在体验下不断修正并获得观念的连续过程。如皮亚杰认为,新知识的创造是发生认识论的核心问题,因为理解每一个行为是连续建构过程的结果,并且通过同化和顺应相互作用的过程而产生。学习是一个顿悟的过程,学习结果呈现的仅仅是过去的记录,

---

㊵ 柯林·比尔德,约翰·威尔进.体验式学习的力量[M].黄荣华译.广州:中山大学出版社,2003.

㊶ 王嘉毅,李志厚.论体验学习[J].教育理论与实践,2004(24).

而不是将来的知识。布鲁纳·杰罗姆认为教育目标是在知识获得的过程中鼓励质疑和锻炼技能，而不是去记忆知识本身："认识是一个过程，而不是一个结果。"

(2) 体验学习是以体验为基础的持续过程。知识在学习者的体验中连续地发生并被检验。威廉·詹姆士(1890)研究认为意识是连续性的，认为持续体验是人类生存的一个有力事实，也是学习理论的核心所在。杜威认为体验的持续性原理意味着每一种体验既开始于过去经历的一些事情，也包括修正将来一些方法的特性。当个体从一个情境变化到另一种情境，他的外部环境可能扩大了或变小了。不过，他会发现自己并没有因此而生活在另一个世界里，而只是存在于一个人的不同角色中或存在于同一世界的不同方面。他在问题解决中获得了知识与技能，也可以说是在某种情境中形成了一个将来的问题理解和有效解决的手段(约翰·杜威，1938)。学习是一个以体验为基础的持续过程，这一事实有着重要的教育含义。作为一个教育者，他的工作不仅是要灌输新的思想，也要处理或修正学习者的原有经验，在许多情况下，从原有经验中产生新观念会有一些障碍，那是由于新旧观念的矛盾冲突所致。

(3) 体验学习是在辩证对立方式中解决冲突的过程。体验学习强调学习中辩证对立的冲突解决，认为冲突解决产生了学习。如勒温的体验学习中强调的辩证对立冲突是直觉体验与抽象观念，是观察与行为的冲突；约翰·杜威的体验学习中强调的辩证对立冲突是给予观念刺激的动力和期望指导的动机的冲突；而皮亚杰的辩证对立冲突是对外部世界经验的顺应和同化同已有观念结构的冲突。在冲突解决过程中，辩证对立模式的方式决定了学习结果的水平，如果冲突的解决是一种压抑模式或由他人支配，学习就倾向于成为专门化的特定控制模式和支配控制模式。如在皮亚杰的冲突模式中，模仿就是顺应过程占优势的结果，游戏则是同化过程占优势的结果。

(4) 体验学习是个体与环境之间连续不断的交互作用过程。体验学习理论中对个人与环境关系的"交互作用"(Transactional Relationship)象征着体验这一术语的双重意义，即一方面，体验涉及到个体的主观内部环境，如"对玩具和快乐的体验"；另一方面涉及到客观环境，如"他有 20 年的工作经验"。这两种体验形式是互相渗透互相联系的、非常复杂的方式。个人特征、环境影响以及行为都在相互的决策中操作，每一因素都以相互交织的方式影响其他因素。在个人与学习环境中相互的决策转变，是体验学习中实验训练方法的核心。

(5) 体验学习是一个创造知识的过程。知识是社会知识与个人知识之间转换的结果。杜威认为,社会知识是先前人类文化经验的客观积累,而个体知识是个人主观生命经验的积累。知识就是在被称为学习的过程中实现客观经验与主观经验之间的转换。因此要理解知识,就必须要理解学习的心理过程;要理解学习,就必须理解认识论——包括知识的起源、本质、方法与维度等。体验学习理论提供了一种如何研究这些实践问题的观点,提出了具体经验模式与抽象概念化模式,行动应用模式与反思观察模式之间辩证冲突的解决方式。

二、体验学习模式

勒温(Lewin)运用行动研究与实验室训练方法进行研究,结果发现,一个完整的实验过程——以学习者的即时具体体验(Here-and-now Concrete Experience)开始,继而搜集、观察学习者的体验实践,之后对这些资料加以分析,再将分析结论反馈给学习者,继续为他们的实践所用,以修正他们的行为并选择新的体验——将有效地促进学习者的学习、变化与成长。学习过程如下图所示,分为:具体经验、观察与反思、形成抽象概念与结论、在新情境中检验概念。在这个循环中,即时的具体体验是观察与反思(Observations and Reflections)的基础,观察资料将被同化(Assimilate)到由行为推导出的一个新"理论"中,形成所谓的个体的概念与结论(Abstract Concepts and Generalizations),而假定的概念或结论为学习者产生下一步新的体验提供了行动指南。

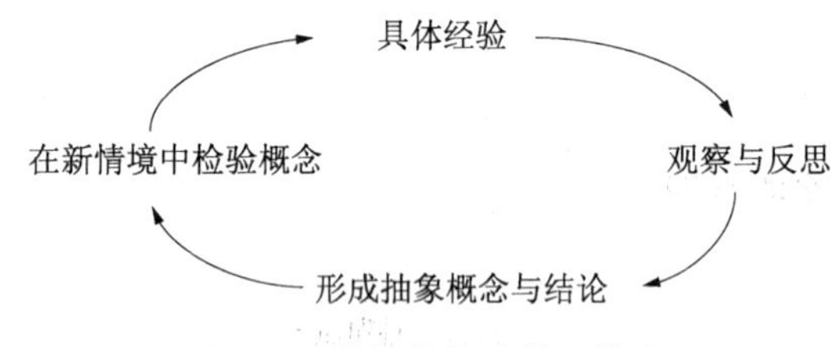

图 3.1 勒温的体验学习模式

在勒温的体验学习模式中,有两个方面值得注意:

其一,强调即时的具体体验(Here-and-now Concrete Experience)可以检验抽象概念。个体的主观意义能够形成抽象概念,同时也提供了直接参与有关概念与结论检验的体验，并创造出正确的观念。换句话说，当人们在经历一种体验时，他们既可以非常具体地(Concretely)感受它，也可以充分抽象地(Abstractly)感受它。

其二，行动研究与实验室训练是以反馈过程(Feedback Processes)为基础的。这种信息反馈为目标导向的持续学习过程的结果评价提供了依据，许多个体与团体的学习之所以无效，最终可以追溯到是缺乏充分反馈过程的原因。这种无效学习产生于观察与行为之间的不平衡，因而可能导致两种倾向——或是因为个体和团体过于注重在决策与行为之间的信息搜集，或是陷入了信息数据分析的困境。行动研究和实验室训练方法的目的就是要整合这两种倾向以实现有效目标导向的学习过程。

体验学习过程是一个四阶段的循环过程，其中涉及到四个相适应的学习环节——具体体验(Concrete Experience)、反思观察(Reflective Observation)、抽象概括(Abstract Conceptualization)和行动应用(Active Experimentation)。在这个模式中，具体体验与抽象概括，反思观察与行动应用是两组不同的领域，其中每一组都反映了辩证对立的可适应倾向。一方面，理解开始于两种对立的看待世界的方式，即注意抽象或具体事物，一种是使体验深入内心并依赖概念解释和符号描述的认知过程，称之为领悟过程；另一种是通过依靠真实具体的东西来感觉直接经验的过程，称之为感知过程。另一方面，积极主动与反思辩证，则是两种对立的经验理解或符号描述的转换方法，可以分别称为内涵缩小的内部反思过程，以及主动积极地操纵外部客观世界的外延扩大过程。

同样，结构性理解也就有了两个对立的方式，其结果是形成了四种不同形式的基本知识：

(1) 通过感知获取经验，并通过缩小内涵的转换最终形成发散性知识(Divergent Knowledge)；

(2) 通过领悟获取经验，然后通过缩小内涵的转换形成同化性知识(Assimilative Knowledge)；

(3) 通过领悟获取经验，并通过扩大外延转换经验所得到的是辐合性知识(Convergent Knowledge)；

(4) 通过感知获得经验，并通过扩大外延所得到的是顺应性知识(Accommodative Knowledge)。

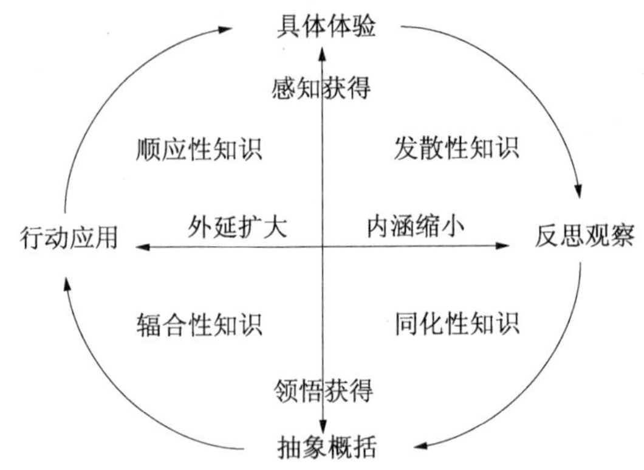

图 3.2　体验学习的基本过程与基本知识形态的结构维度

对应于四种不同类型的知识,有四种不同类型的学习方式。

(1) 辐合式学习方式:主要依赖于抽象概括和行动应用。采用这一方法的好处在于问题解决、决策制定以及实际应用方面的能力很强。采用这种方法的人似乎在传统智力测试中表现得很好,因为这类测试中的问题只有一个正确的答案或解决方法。因此,他们被称为是学习方式的"辐合学习者"。在这种学习方式下,人们通过假设推断来组织知识,以便集中处理某一问题。哈德森(1996)对这种学习方式的研究表明,辐合式的人受情绪表达的控制,他们宁愿做技术工作来处理技术性问题,却不愿意处理社会性的人际关系问题。

(2) 发散性学习方式:强调具体体验和反思观察,这种方式的优势在于具有丰富想象力和对意义与价值的高敏感度。发散式学习方式主要是顺应能力,从多角度观察具体情境,将多种关系组合成一个有意义的"整体"。采用这种学习方式的人注重观察而不是行动。在提供多种可供选择的观点时,比如在"头脑风暴"活动中他们会表现得很好,而且他们对人感兴趣,具有丰富想象力,感情丰富,因此他们被称为学习方式的"发散学习者"。

(3) 同化式学习方式:学习能力表现在抽象概括和反思观察。这一学习方式的优势在于理性推理能力和创造理论模型的能力强,能将完全不同的观察结果同化为一种解释。同辐合一样,它对人的关注更少一点,对观点和抽象概念关注多一点,但它却较少用实际价值来评价这些观点。在这里,理论的逻辑性和精确度更为重要。

(4) 顺应式学习方式:与同化式学习方式相反,其优点在于具体体验和行动应用。它主要靠实践、实施计划、完成任务、融入新体验。这一学习方式关注找机会，接受冒险和采取行动。当一个人处于需要顺应自己以适应瞬息万变的环境时，他最好采取这种方式，因此这一方式被称为“顺应”。当理论或计划与事实不相符时，具有顺应学习方式的人很可能会抛弃这个理论或计划（相反，具有同化学习方式的人可能会重新调查或抛弃面对的实际情况）。这种人会凭直觉，采取尝试错误的方法来解决问题（哥罗柯，1973），而且特别依赖其他人而不是自己的分析能力来获得信息（斯泰伯尔，1973）。采用这种学习方式的人很容易与人相处，但有时却被认为缺乏耐心，爱管闲事。

三、体验学习的发展观

体验学习圈不是一个循环而是一个螺旋上升的过程，每一个体验的阶段都具有发展的可能性（约翰·杜威）。体验学习的发展观把发展看作是内部特质和外部环境、个人知识和社会知识之间交互作用的结果。体验学习是一个社会过程，因而个体的发展过程受系统的社会文化知识所决定。促进发展的学习过程需要应对和解决内在于体验之中的对立矛盾，保罗·弗莱尔把这个过程描述为实践。

在学习的对立矛盾中，人类发展的进程表现出越来越多的功能分化和层级整合的特征，通过整合的复杂水平来描述学习决定发展过程的方式：具体体验中的情感复杂化导致较高水平的情感；反思观察中的知觉复杂化导致较高水平的观察；抽象概括中的符号复杂化导致较高水平的概念；行动应用中的行为复杂化导致较高水平的行为。

情感、观察、概念和行为这四个发展维度被描绘成一个圆锥体的形状。底部表示发展的较低阶段，顶部表示发展的最高点——在发展的较高阶段，发展的四个维度呈现出高度整合的趋势。每个维度上的发展都经历了由卷入、防御、信任和反应到自我实现、独立自主、积极行动和自我调节的过程。在发展的早期，四个维度之间各自的发展相对独立。在发展中期，应对外部环境和个体经验的方式变得越来越复杂、越来越具有相对性，四个基本学习形式之间的对立冲突也得到了较高水平的整合。在发展的最高阶段，适应是为了致力于学习和创造，这就对四个基本适应形式提出了整合的强烈要求。一个学习形式的发展促进了另一学习形式的发展。

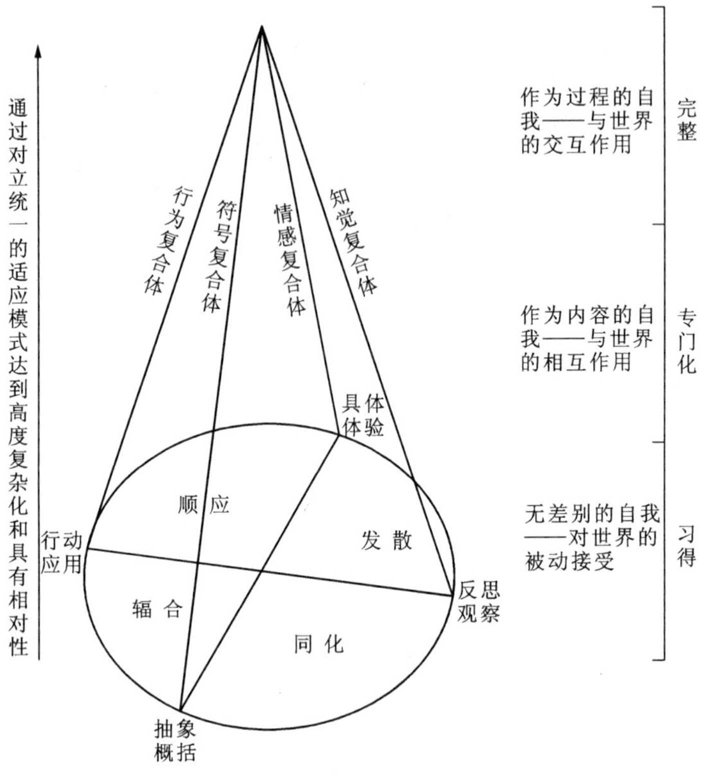

图 3.3　体验学习发展观

人类的发展过程分为三个较大的发展阶段，包括习得、专门化和完整。在发展的习得阶段，适应以执行的形式出现，并受简单的登记性意识(Registrative Consciousness)所控制。在发展的专门化阶段，通过解释性意识(Interpretative Consciousness)调节学习过程，适应发生了。在发展的完整阶段，受整合性意识(Integrative Consciousness)结构所决定的一个整体适应发展过程获得了。这些意识结构通过对经验的选择和解释决定着体验学习的过程。

第二节　游戏环境中的体验学习

说到学习，首先想到的是学习环境，这里所指的学习环境为游戏环境，或者说是电脑游戏所创设的用于支持体验学习的环境，它包含两层含义：一是游戏空间（在第五章阐述）即是学习环境，或者称游戏学习环境（Game Learning Environments，GLE），它是一种以游戏为载体的虚拟体验环境（Virtual Experiential Environment，VEE）；二是游戏空间中能发生体验学习，或者说游戏空间中的虚拟体验和生活空间中的真实体验一样有效，这涉及体验的迁移。

一、学习环境

1. 学习环境是一种场所

美国教育技术专家 F. GKnirk 明确将学习环境定义为"由学校建筑、课堂、图书馆、实验室、操场以及家庭中的学习区域所组成的学习场所"。在教学论中，学习环境往往被定义为"由学校和家庭的各种物质因素构成的学习场所或课堂内各种因素的集合"，其主要内容是家庭、学校、课堂中的物质因素。由"学习环境仅仅是物质环境"来判断，很多人认为物理环境是学习环境的主体，进而形成学习环境的场所观，即把学习场所和学习环境等同起来，这是对学习环境的最原始的理解。另一种观点也将学习环境视为一种场所，但其含义已与最初对学习环境的理解有实质性的不同。美国科罗拉多大学教学技术系教授、AECT 理论与研究部主任威尔森将学习环境界定为学习者在追求学习目标、参与问题解决的活动中，可以使用多样的工具和信息资源并相互合作和支持的场所。

2. 学习环境是学习资源和人际关系的组合

这一观点认为学习环境不再是简单物理意义上的场所，而是学习资源和人际关系的组合。其中既有丰富的学习资源，又有人际互动的因素。学习资源包括学习材料（即信息）、帮助学习者学习的认知工具（获取、加工、保存信息的工具等）、学习空间（如教室或虚拟网上学校）等等。人际关系包括学生之间的人际交往和师生间的人际交往，学生不仅能得到教师的帮助与支持，而且学生之间也可以相互协作和支持。

3. 学习环境是学习活动展开的过程中赖以持续的情况和条件

这种观点认为环境是相对某项中心事物而言的，环境意味着中心事物在其特定活动展开的过程中赖以持续的情况和条件。由此推及学习环境，它当然是学习活动展开的过程中赖以持续的情况和条件。由于学习活动的主体是学习者，因而也可以把学习环境说成是学习者在学习过程中进行学习活动的情况和条件。学习环境中的“情况”是学习活动的起点和某一时刻的状态，而“条件”则是学习活动继续进行的保证。学习环境中的“条件”包括物质条件和非物质条件。物质条件主要指学习资源；非物质条件包括我们常说的学习氛围、学习者的动机状态、人际关系，此外还包括系统采用的学习模式和学习策略。因此学习环境是一个动态概念，学习环境与学习活动进程是共存共生的，随着学习活动进程的展开，学习环境中的情况和条件也不断变化，如：当学习者遇到困难时，学习系统通过诊断来调整学习策略和学习内容，或者通过协作学习活动来支持学习者。因此，学习环境和动态学习进程是紧紧联系在一起的，把二者割裂开来就会导致静态的学习环境观。也只有把学习环境放到动态的学习进程中去考察，才能设计出有效的学习系统，也才能把握住学习环境的本质。

4. 任务情境是学习环境的核心

将学习环境概括为是一种支持学习者进行建构性学习的各种学习资源的组合，这属于建构主义的观点。其中学习资源不仅包括信息资源、认知工具、人类教师等物理资源，还包括任务情境等资源。任务情境在学习环境中起着集成其他各种学习资源的作用：一种学习环境是否是建构主义的，关键看任务情境的性质。因此任务情境是建构主义学习环境的核心。而所谓的任务情境是指呈现给学习者的问题解决情境。任务情境蕴含着等待学生学习的知识和智力操作。建构主义学习环境的学习任务是真实性任务，学习任务的真实性是指任务情境与知识、技能被应用的实际情境相联系的程度。

二、游戏环境支持的虚拟体验

类似于真实空间，游戏空间中存在着真实空间中所有的物（如人、狗、房子、山、树木和桥梁等）和事（上学、下班、钓鱼、和朋友聊天等），或者说真实空间中所有的事和物都可以采用现代计算机技术以游戏的形式在游戏空间中呈现出来。在佛莱的学习环境概念中，体验学习理论提供了一个管理学习过程的系统。在体验学习模式中，任何教育方案、课程设计或者课堂教学都可被视为是对四种教育模式的倾向，这四种模式分别为：情感、感知、形象和行为。

(1) 情感情境强调经历具体的时间，在游戏中通过游戏进程的改变、情节的发展来表现；

(2) 形象情境强调抽象概念化，在游戏中玩家面对问题时需要通过感知和反思，在此基础上推理出概念上的关系而实现抽象概念化；

(3) 感知情境强调观察和欣赏，游戏为玩家提供了视觉和听觉上的享受，能够充分满足玩家感知上的需求；

(4) 行为情境强调具体情境下的行为体验，游戏空间中虚拟的物和事，可以让玩家产生置入感，他们不会怀疑游戏中的行为结果。

下面就对应于体验学习过程中的四个阶段——具体体验、反思观察、抽象概括和行动应用，来分析游戏环境支持的虚拟体验的各个环节。

一是具体体验。它是学习过程的开端，学习者投入到一项活动之中，并以观察、表达和行动的形式来获得感性认识或直接经验。游戏虽然不可能提供生活空间中的真实体验，但利用现代计算机技术创设的高度仿真的游戏空间，可以让玩家产生置入感，让玩家沉浸其中，他们相信游戏中的角色就是他们自己，在玩游戏的同时获得类似于生活中的体验——虚拟体验。

二是反思观察。玩家要想在游戏中获得深入的体验，或者说要玩好游戏，必须时时通过观察来熟悉周围的环境，并通过及时反思来提取对问题解决有帮助的信息，从而作出正确的应对策略。

三是抽象概括。游戏中需要玩家在反思观察的基础上，对自己的理解进行抽象概括，并通过推理了解游戏承载的核心的东西——知识，这是深入体验的基础，或者说是一名高级玩家所必备的能力。

四是行动应用。玩家在游戏中抽象概括的东西是否有效，需要通过应用去验证。同时应用过程本身也是新的体验的开始阶段，所获得的新的体验又构成了新循环的开始，玩家在不断循环的体验过程中了解游戏，掌握游戏的规则和规律，从而更好地驾驭游戏。

另外，由于网络技术的应用，游戏不仅可以使玩家在游戏环境中获得虚拟体验，而且可以使玩家与他人分享体验和合作体验。在游戏中，除了通过个人的活动获得体验外，还可以通过和他人交流或合作，来分享他人的经验或共同参与体验。如游戏中遇到自己解决不了的问题时，可以在线向其他玩家请求帮助；可以上网查找其他玩家在遇到这类问题时采取的解决办法；也可以与其他玩家合作，共同参与游戏探讨解决问题的办法。

三、游戏中虚拟体验的迁移

知识存在于人的认知结构中。所谓认知结构就是存储于个人记忆系统内的陈述性知识和程序性知识以及它们彼此之间的联系。动作技能、知识、情感都可以迁移。迁移的定义是：一种学习对另一种学习的影响。凡是一种学习对另一种学习起促进作用，都叫正迁移；凡是一种学习对另一种学习起干扰或抑制作用都称负迁移[42]（邵瑞珍，1997）。在游戏中所接触到的物和事都是虚拟的，是真实空间的映射，只要将游戏环境情境与生活环境两者有机地结合起来，使真实与虚拟的经验互相融合，就可实现虚实之间有效的迁移。

参考单美贤、李艺提出的虚拟实验中关于迁移的四种类型：纯粹虚拟中的迁移、虚拟到真实的迁移、真实到虚拟的迁移和真实到真实的迁移[43]（如图 3.4 所示），这里依据游戏与生活的关系着重从纯粹虚拟中的迁移、虚拟到真实的迁移和真实到虚拟的迁移三方面考察游戏中的虚拟体验的迁移关系。

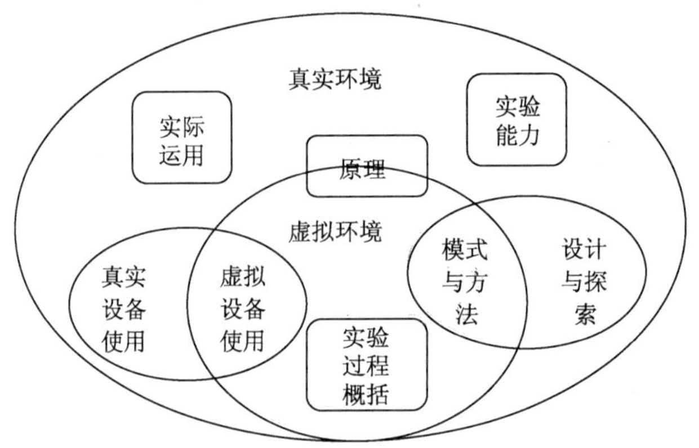

图 3.4　虚拟实验室与真实情境之间的关系图

（1）纯粹虚拟中的迁移。在游戏中，玩家通过对角色和游戏对象等可操作对象的操作（虚拟），一方面可以熟悉游戏中可操作对象的属性、特征等（虚拟），了解其使用规则和适用领域；另一方面，玩家在游戏过程中实际上是通过尝试和探索形成自己行为的假设，操作游戏中的可操作对象，并通过感知和反思来检验自己的假设，概括出相应的概念、规则和方法，这有助于形成新的创造性行为。

（2）虚拟到真实的迁移。游戏中积累的体验可以迁移到生活中，因为

㊷　邵瑞珍.教育心理学[M].上海：上海教育出版社，1997.

㊸　单美贤，李艺.虚拟实验原理与教学应用[M].北京：教育科学出版社，2005.

游戏环境可以虚拟出符合生活环境中的物和事，当生活环境和游戏环境较为接近时，游戏中的一些方法策略较易迁移到生活环境中，但两者之间差距很大时，迁移的形成就比较困难。因此，掌握游戏环境和生活环境两者之间的基本关系，构建尊重生活规则、规律的物和事是虚拟到真实迁移的关键所在。

（3）真实到虚拟的迁移。玩家用自己的生活经验来进行游戏，以便对自己的知识、技能和情感进行必要的检验、练习和调整，体现了真实到虚拟的迁移。另外，玩家基于自己对生活的理解，在游戏中通过对虚拟的物和事进行操作、观察和反思，旨在探索事物之间的关系，抽取出事物的本质，为形成新的设想提供依据。这种情况产生意义的典型环节是，一定程度上脱离实验设备装备水平、实验本身的危险程度、实验的可能性等条件的制约，使青少年在更广泛或者更高级的水平上继续自己的认知发展。

迁移不是必然的，心理学研究表明：迁移的产生问题以先前的知识技能学习为条件，先前掌握的基础知识与基本技能越全面、越扎实，产生迁移的可能性就越大；学习迁移过程离不开思维的参与，类比概括思维、整体统摄思维、比较分析思维、直觉顿悟思维能力高低，都直接影响迁移的效果。单美贤、李艺提出关于虚实之间的迁移从原理的理解与掌握、情境识别、系统思考三方面展开研究，认为学生的主动积极性和迁移中的自我控制能力对虚实迁移非常重要[43]。

虚实间迁移的产生既与学习的外部情境有关（虚实间的相似性、虚拟环境的真实可操作性等），也与青少年的内部心理特征有关，而且后者尤为关键，只有充分揭示引起迁移产生的内部机制，才能从根本上把握迁移形成和发展的规律，为有效地促进青少年在虚实之间形成积极的迁移创造有利条件。Sternberg认为，迁移的产生有四种机制：一是编码具体性，即最初的学习是否以有助于将来提取、应用的方式进行编码的；二是组织，即已有的知识结构是否合理；三是辨别，即能否对新经验或新情境与原有经验或情境之间的相关性或相似性进行识别、比较；四是定势，即是否具有迁移的心理准备与主动意识[44]。

㊹ 姚梅林.当代迁移研究的趋向[J].心理发展与教育，2000(3).

本章小结

本章介绍了 Edu-game 设计的理论基础——体验学习，并从学习环境和迁移两个角度简要探讨游戏环境中的体验学习。

第四章　游戏与青少年发展的理论框架

研究表明，游戏可以影响青少年的自我发展，解决他们发展中的冲突和矛盾，发展他们的技能等，具体表现在游戏对青少年的认知领域、动作技能领域和情感领域有一定的促进作用。加涅(R. M. Gagne)的学习结果理论将学习分为五种类型：言语信息、智慧技能、认知策略、动作技能和态度，其中言语信息、智慧技能、动作技能和态度都是指向环境中的客体和事件，而认知策略是"学习者自己的认知过程"㊺。本章从青少年发展的三个领域(认知领域、动作技能领域和情感领域)出发，参考加涅的学习结果理论，从游戏对青少年影响的客体角度论证游戏对青少年发展的影响，具体包括四个方面：游戏与言语信息的学习、游戏与智慧技能的发展、游戏与动作技能的发展、游戏与态度的培养。

第一节　游戏与言语信息(知识)的学习

一、言语信息

1. 言语信息的定义

言语信息(Verbal Information)也被称为"言语知识"或"陈述性知识"，它是以合乎语言规则的命题网络形式存储的，是有关事物的名称、时间、地点、定义以及特征等方面的事实性信息㊻。加涅将言语信息定义为个体具有有意识的提取线索，能直接陈述的事实性知识或事件信息，例如回答中华人民共和国成立于

㊺ 加涅.教学设计原理[M].上海：华东师范大学出版社，2005.

㊻ 陈琦，刘儒德.当代教育心理学[M].北京：北京师范大学出版社，2008.

哪一年、疆域有多大、人口有多少等。加涅所指的言语信息包含两层含义:知识和能力。知识主要用来回答世界是什么的问题,例如地理上将地球陆地分成哪几大洲;能力主要指人的记忆力,例如能够记住多少位的圆周率小数等。

2. 言语信息的分类

加涅将言语信息又细分为四大部分:事实、名称、原则和概括。如"地球是圆的"是事实;电脑录入字符的设备叫"键盘"是名称;"借人家的东西一定要还"是原则;"他脾气比较好"是对他人性格特征的概括。加涅这里所指的概括是指抽取出复杂事物的主要特质而形成意义,例如水果,是人提取了苹果、梨、香蕉等一系列具体事物的共同点后形成的认识。言语信息的获取是伴随人一生的过程,大量言语信息的不断获取是促进人的智慧技能、认知策略良好发展的基本保证,同样也是情感领域和动作技能领域能力发展的重要保证。

3. 记忆对言语信息学习的作用

言语信息对人能力的要求主要是记忆力,记忆力的好坏影响言语信息的习得和保持,可以从两个维度来考虑人的记忆力和言语信息的学习:不同人对相同类型内容的记忆力会有所不同,例如有的人对数字符号内容很敏感,善于记忆电话号码一类信息,而有的人则对此记忆力很差;同一个人对不同类型内容的记忆力也不同,例如有的人对声音信息很敏感,善于记住歌曲曲调,但是对数字符号的记忆力却很差。这两个维度的不同给当前学校教育带来的启示是:从学生整体来看,不同人有不同的擅长之处和兴趣所在,不应只从单方面来评价学生的优劣,而应为其提供尽可能全面和自由的发展环境和评价标准;从学生个体来看,将学习内容用符合学生个性特点的方式来呈现,其效果肯定比单调统一的呈现方式要好。从人的整体上来看,在以上的不同之处之外,记忆力与言语信息的对应关系也存在着共同之处,即对大多数人而言,总是易于接受以特定方式传递的言语信息(例如想要了解坦克是什么东西,图片方式的展示总是比纯文字的描述更容易理解),其记忆效果会更好。

二、游戏与言语信息的学习

言语信息的学习主要表现为知识的感知和理解,通过这两种过程,学习者把新信息与原有知识联系起来,获得意义,纳入认知结构[47]。实验心理学家赤瑞特拉

---

[47] 白桂香.教育心理学[M].北京:北京出版社,2004.

的心理实验结果证实，人类获取的信息83%来自视觉，11%来自听觉，两者加起来有94%。人类最初的学习总是来自于感觉，而视觉和听觉又是两种最主要的感觉方式。电脑游戏在图像和声音的展示、融合上可谓技艺高超，把现实世界中复杂的三维空间、色彩和声音良好地模拟到游戏中，利用知识直观（主要是模象直观、言语直观）的方法让青少年在游戏中获得知识。游戏空间中的虚拟模象可以按需要人为突出重点与本质要素，有利于学生形成有关事物的一般表象。在一般表象的基础上，通过分析、综合、比较、抽象、概括等理性思维的过程，学生就可以通过游戏空间中的虚拟事物获得对相关事物一般的、理性的认识。游戏可以提供言语交流、图片或其他线索，可促使学习者把较大的、经过组织的知识网络与新事实联系起来，有利于学习者成功地搜索并提取记忆中的信息。

从游戏的角度讲，游戏具备承载言语信息的能力，这在一些游戏中有了比较成功的尝试。例如美国Large animal电脑游戏公司开发的一款游戏《鸟类摄影家》(Snapshot Adventures)，提供了人们对各种鸟的认识，并在此基础上提供构造鸟的工具让玩家依据自己的认知来构造鸟。游戏《大航海时代》对有关船只的知识作了较为详细的分类和介绍（如表4.1所示）。游戏《文明》从周围的地形、淡水、资源、城市的人口数量、建筑和奇观以及实行的内政法令等等因素来介绍影响城市健康的知识。其中关于鸟的知识和船只的知识，玩家可以在游戏中直接通过感知获得，而城市健康知识，则需要玩家在感知的基础上通过反复尝试并通过分析、综合和概括等理性的思维才能获得。

表4.1　大航海时代OL的航海知识——船只的分类

编号	船型	主要特征
1	三桅帆船	前两根桅杆装左右向的帆，后一根桅杆装前后向的帆。快速的船只，载员量在90人左右
2	大型帆船	它几乎算是当时最大的船只了，吨位总在1200吨以上。它是一种三桅船，前桅和主桅挂方形帆，后桅挂三角帆。西班牙和葡萄牙把这种船只用于对印度、中国和美洲的贸易。这种船有极高的前桅，同时也有足够的实力来抵御海盗的攻击
3	单层甲板平底船	单层甲板平底船只有一层甲板，而且是靠人力划桨所驱动。单层甲板平底船有着悠久的历史，甚至可以追溯到古代。但直到1809年的俄国-瑞典之战，该船种仍被使用

（续表）

编号	船型	主要特征
4	大型战舰	大型战舰的外观和货船相似，是1000吨级左右的三桅帆船，却有着强得多的火力。大型战舰平均装有65门火炮，超过100炮的强者也不在少数。当时只有海上的三霸主（英，法，西）才大量地使用
5	快速带帆战舰	它也是三桅船，甲板上有24到38门炮。快速带帆战舰的行进速度较快，常用于追逐敌船，有时候也用来捕猎海盗。当然，也有一些海盗船长本身就指挥着这种舰型
6	强盗船	这种船由于被地中海海盗使用而得名。在意大利语里，Brigantine的意思就是"强盗用的船"。它是一种双桅船，其中一些被改装为有更大远航能力的船
7	平底帆船	平底帆船没有龙骨，宽度是长度的三分之一。由于它装有一个能随意升降的舵，它的驾驶性能颇佳。平底帆船有双桅或三桅的规格，备有竹制或草制的帆。它能适应任何一种海域，是天生的海上漂流者
8	西班牙大帆船	西班牙大帆船有两到三层甲板，多数装了三桅，但也有四桅的特例。这是极大的货船，航速缓慢。著名的西班牙宝物船队即是由这种船只组成。虽然在速度上吃亏，但西班牙大帆船也并不是海盗的俎上鱼肉——通常它都携带有重型的武器
9	纵帆船	船体纤细，是100吨级以下的双桅船，带有特大的帆。由于船舱较浅，纵帆船能守在浅海里等待猎物的到来。因为速度快，载员量大，海盗和走私者都爱用它
10	轻快帆船	一种小型的贸易船，全长约80英尺。最初使用三角帆，后来慢慢演变为使用方形帆，被西、葡的探险者所使用
11	单桅帆船	一种小型单桅商船，挂三角帆，吨位在150～200之间。阿拉伯海盗喜欢在上面加装大炮
12	带帆小型双排桨船	一种装备2到10门小型炮的船只，载员从50到130不等。蛮族海盗所使用
13	掠夺者	是一种150到300吨级的双桅船，特点是甲板前端悬空向前伸出，供船员登上敌船之用。是一种阿拉伯海盗使用的船只，名字来自阿拉伯词ghorab，掠夺的意思
14	机动轻便艇	是大船上最大的小艇，通常艇上都有可拆卸的桅和帆，能装载60～70人。在登陆和回大船时常用到它

围绕游戏是否有利于言语信息的学习方面，主要的研究包括支持言语信息学习的学习情境、学习方法、学习内容和信息保持四个方面。

1. 游戏可创设有效学习情境

Kirriemuir 研究认为游戏可以创建上下文相关的学习情境。他认为游戏关键的吸引力在于能提供与学生相关和有吸引力的上下文情境中学习的机会。这种上下文情境不仅仅可以促进学生的学习，还可以使玩家在一个熟悉但仍然新颖的环境中，把游戏的交互性和学习目标相结合，实践证明这是非常有效的[48](Kirriemuir, 2002)。Leutner 通过对仿真游戏的研究，证实仿真游戏可以为学生提供学习需要的背景知识和系统初始操作的建议，并证实在鼓励采用发现学习方面是最有效的[49](Leutner, 1993)。模拟类游戏主要是使一些昂贵、危险、困难或者在教室中不切实际的学习活动[50](Berson, 1996)以及通过其他方式不能实现的学习活动[51](Thomas et al., 1997)成为可能。

2. 游戏中可采用灵活的学习方法

Sedighian 和 Kirriemuir 等人对模拟游戏的研究发现，模拟游戏具有灵活性和复杂性的特点，学生在模拟游戏环境中，可以根据自身需要和周围环境，采用合适的学习方式[52][48](Sedighian, 1994; Kirriemuir, 2002)。此外，他们还提

---

[48] Kirriemuir J. The relevance of video games and gaming consoles to the higher and further education learning experience[R]. Techwatch Report TSW 02.01, 2002.

[49] Leutner D. Guided discovery learning with computer-based simulation games: effects of adaptive and non adaptive instructional support[J]. Learning and Instruction, 1993, 3(2): 113 - 132.

[50] Berson MJ. Effectiveness of computer technology in social studies: a review of the literature[J]. Journal of Research on Computing in Education, 1996, 28(4): 486 - 499, 1996.

[51] Thomas R, Cahill J, Santilli L. Using an interactive computer game to increase skill and self-efficacy regarding safer sex negotiation: field test results[J]. Health Education and Behavior, 1997, 24(1):71 - 86.

[52] Sedighian K. Playing styles for computer and video games[C]. In T Ottman and I Tomek (eds) Proceedings of the ED-MEDIA 94 World Conference on Educational Multimedia and Hypermedia. Panel discussion ‘Can electronic games make a positive contribution to the learning of mathematics and science in the intermediate classroom?’ AACE (Association for the Advancement of Computing in Education), Vancouver, Canada, 25 - 30 June 1994.

倡合作学习和与游戏相关的有意义讨论。Leutner 认为游戏促使学生处于决策者的位置,让他们直接面临更艰难的挑战,这可使学生在反复实验和错误中学习。另外研究证实仿真游戏在鼓励发现学习方面是最有效的㊾(Leutner,1993)。《农场狂想曲》的游戏让学生通过协作学习来掌握包括地理、农业、环境、经济、政府、社会等方面的学科知识㊿(尚俊杰,庄绍勇,李芳乐等,2008)。

3. 游戏与具体学科知识的结合

在游戏和具体学科知识的结合方面,一些学者和企业作出了有益的尝试。Jayakanthan(2002)研究认为策略游戏(如模拟城市 Sim City)可用在学校鼓励学生具体科目的学习(譬如地理科目)[54]。尚俊杰,庄绍勇,李芳乐等在 VISOLE(Virtual Interactive Student-Oriented Learning Environment)研究项目中,推出了一个名为《农场狂想曲》的游戏,每位或每组同学都可以在其中创建一个农场,通过对农场的经营和管理,来综合学习地理、农业、环境、经济、政府、社会等学科知识[53](尚俊杰,庄绍勇,李芳乐等,2008)。《模拟城市(Sim City)》的作者 Will Wright 曾经开发了一个《模拟蚂蚁(Sim Ant)》游戏,他将一部关于蚂蚁的小型百科全书都放到了在线数据库中,其中许多内容也会涉及游戏操作,他希望通过游戏,人们会阅读这部百科全书,这样人们就可以在游戏的同时学到很多关于蚂蚁的知识[53]。

4. 游戏与言语信息的保持

言语信息是青少年学习过程中比较枯燥无味的内容,诸如英语单词、历史名称、地理知识等。由于这些内容往往学习形式单一,青少年学起来索然无味,因此很难引起他们的注意,相关信息也很难从瞬时记忆进入短时记忆。电脑游戏的娱乐性恰好能够弥补某些知识记忆过程的乏味性,游戏中精美的、梦幻的、奇异的画面和悦耳动听的音乐能够强烈吸引玩家的注意力。游戏所固有的挑战性让玩家精神高度集中地投入其中,在愉悦的游戏过程中不自觉地掌握知识。VanDeventer 和 White 研究认为,在游戏中学生需要通过包括自我控制、模式识别、问题识别、高水准的问题解决、有原则的决策制定和定性思

---

[53] 尚俊杰,庄绍勇,李芳乐等.教育游戏的动机、成效及若干问题之探讨[J].电化教育研究,2008(6).

[54] Jayakanthan R. Application of computer games in the field of education[J]. The Electronic Library, 2002, 20(2): 98－102.

维等感知和思维的参与，这有利于培养学生的短期和长期记忆力[55](VanDeventer and White，2002)。Randel 等(1992)研究认为仿真游戏要求学生通过操作积极参与，这可使游戏提供的学习材料有机会集成到学习者的认知结构中，从而有助于相关信息进入长期记忆力而得以保持[56]。游戏体验包括：交互式记叙、合作解决复杂问题、培养数字生活方式、虚拟社区、探索精细的仿真世界并且使用具有特色的创作工具[57](Squire et al.，2003)。

综上所述，游戏可为青少年提供学习情境，包括仿真环境、上下文情境、背景知识、学习机会等；游戏为青少年提供了不同学习方式的条件，包括试误学习、合作学习、发现学习等；游戏可用于青少年学习不同的学科知识，包括地理、农业、环境、经济、政府、社会、科普等学科知识；游戏能引起青少年的注意，有利于青少年的短期记忆和长期记忆。游戏与言语信息学习的关系可用表 4.2所示。

表 4.2　游戏与言语信息的学习关系

一级指标	二级指标	说　明
言语信息	学习情境	游戏为青少年提供仿真环境、上下文情境、背景知识、学习机会
	学习方法	游戏为青少年提供了不同学习方式的条件，包括试误学习、合作学习、发现学习等
	学习内容	游戏可用于青少年学习地理、农业、环境、经济、政府、社会、科普等学科知识
	学习记忆	游戏能引起青少年的注意，有利于青少年的短期记忆和长期记忆

[55] VanDeventer SS，White JA. Expert behavior in children's video game play[J]. Simulation and Gaming，2002，33(1)：28－48.

[56] Randel JM，Morris BA，Wetzel CD，Whitehill BV. The effectiveness of games for educational purposes：a review of recent research[J]. Simulation and Gaming，1992，23(3)：261－276.

[57] Squire K，Jenkins H，Holland W，Miller H，et al. Design principles of next-generation digital gaming for education[J]. Educational Technology，September-October，17－23，2003.

三、具体案例

1. 案例:对照实验证明有效果

John Kernan(2000)曾领导一个加强课程学习的游戏项目"The Lightspan Partnership",对403个学校将近14 580名学生进行了教育游戏使用效果的调查研究。经研究发现,实验组的词汇量和语言艺术方面分别超过了对照组24%和25%,数学问题解决和数学的程序与算法的成绩则分别超出对照组51%和30%。为了训练有阅读问题的小孩,实施了"基于游戏的快进科学学习项目"("Scientific Learning's Fast Forward game-based program")。根据他们进行的标准化的测试结果可知,90%的学生在某一个或者是更多的测试领域获得了重大突破[58]。

2. 案例:游戏与其他学习方法的对比证明有效果

尚俊杰、庄绍勇、李芳乐等在《唐伯虎点秋香》的一个实验中,对游戏化学习方法与传统讲授式教学法、基于问题学习(problem-based)教学法与基于有故事背景的问题学习(problem based with story background)教学法进行了比较研究。结果显示,在事后的解题测验中,游戏化学习方法比其他三种学习方法效果要好,显示了这种游戏化学习方法可以在不需要教师的情况下,达到比教师在场还好的教学效果。在2005年7月进行的另外一个实验中,对利用游戏进行自学和利用传统的网上学习材料自学两种方式进行了比较,知识测试结果显示两种方法效果相同[53](尚俊杰,庄绍勇,李芳乐等,2008)。

3. 案例:游戏在差生的补救措施方面有效果

Schwartz和Herselman(1999)认为旨在普及模仿流行游戏的信息处理教育游戏有助于知识贫乏的学生取得有意义的学习成果,这一点在较差的学生和缺少资源的学生所取得的巨大进步中表现出来[59][60]。

---

[58] John Kernan. Evaluation of Lightspan. Research Results from 403 schools and over 14,580 students[R]. February, 2000.

[59] Schwartz S. A comparison of componential and traditional approaches to training reading skills[J]. Applied Cognitive Psychology, 1988, 2(3): 189-201.

[60] Herselman ME. South African resource-deprived learners benefit from CALL through the medium of computer games[J]. Computer Assisted Language Learning, 1999, 12(3): 197-218.

实例：在澳大利亚，Schwartz 研究关于比较游戏与传统的方法来训练学生的阅读技巧。研究对象是 24 个初中的学生(15 女，9 男)：

达到平均智力水平，但口头表达能力不足，阅读理解能力比同龄人要差。

补救措施为一半的学生接受老师直接引导，通过使用 DISTAR 进行训练；其余的通过 4 种计算机教育游戏接受练习。

两种方法主要对看字读音的学习，表 4.3 列出了几个关键特征。

表 4.3　DISTAR 和计算机游戏训练的特征总体比较

DISTAR 训练	计算机游戏训练
a. 通过发音来教字母和字母的组合	a. 字母匹配：使用一个响应按钮，学生必须快速地、精确地决定这两个字母是否一样
b. 由老师领读，大声阅读词汇表，包括一些发音技巧	b. 单词匹配：像上面的字母匹配一样，但是这次有一些简单的发音的词和难一些的词(范围从一些经常出现的单音节词，如 deer，dog，fox，到难一些的单词，如 gorilla，guerrilla，suite，sweet)
c. 故事阅读：简短的文章。紧接着：回答老师提出的问题，并完成课外作业	c. 快速阅读：大声地读一系列的单词，由程序精确控制，并且纠正读音
d. 综合阅读：在每次课中最后留出一部分时间，从 level 2 故事书中读 个持续的自选故事	d. 最后一个单词：阅读短句子，然后思考最后一个单词是否适合前述的情景

结果发现，两种方法都有积极的效果，训练之后几乎所有的学生提高了他们的阅读测试成绩。有趣的是：起初阅读能力最差的学生，在计算机游戏训练条件下比在 DISTAR 条件下取得了更加显著的进步。

这个结果也说明了计算机游戏补救训练可以作为传统教学过程的实用补充[59](Schwartz，1988)。

第二节　游戏与智慧技能的发展

一、智慧技能

1. 智慧技能的定义

所谓智慧技能，加涅将其定义为运用符号办事的能力，其作用主要是回答事情怎么办。智慧技能对学生能力的要求有两方面：一是理解、运用概念和规则的能力；二是进行逻辑推理的能力。

2. 智慧技能的分类

加涅将智慧技能分为四大部分，相邻部分之间按发展顺序构成依赖的层级关系，即上层智慧技能的掌握必须以其下层技能的掌握为前提。这四大部分分别为：辨别、概念、规则和高级规则（问题解决）。各部分之间的关系图和例证如图 4.1 所示。

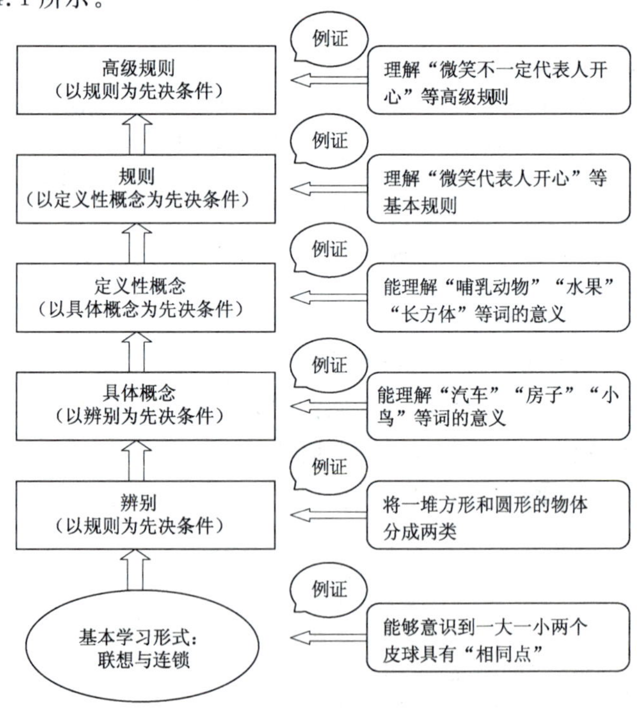

图 4.1　智慧技能各部分之间的关系图

智慧技能学习形式可以理解为辨别对象异同、识别事物特点、为某事物归类、简单规则运用、实际问题解决（复杂规则运用）五种学习形式，它们的发展阶段不同、层次不同，由低到高组成智慧技能的学习过程。每种技能的学习要以其下层技能的掌握为前提。所谓辨别，是指发现事物或符号间差别的能力，例如将一堆方形和圆形的物体分成两类。辨别能力主要随着儿童的成熟逐渐发展起来。

在辨别能力的基础上，形成概念技能。心理学上对概念技能的含义有着四方面的分析：一是概念名称，人类的大多数概念都具有名称。例如“电脑”“书本”“劳动”等词，它们所代表的都是一类事物或活动。二是概念例证，属于概念所指的事物或活动的不同个体便是概念的例证，例如“水果”这个概念的例证便是葡萄、苹果、香蕉、梨等具体事物。概念例证具有正例（Positive Instance）和反例（Negative Instance）两种。三是概念属性，是指一切概念正例所共同具有的本质属性，即概念的标准属性或关键特征。例如“哺乳动物”这一概念的本质属性就是“胎生”“哺乳”。四是概念定义，是指同类事物共同本质属性的概括。例如“正方形是具有四个直角和四条等边的四边形”。

按照抽象水平，概念又可以分为“具体概念”和“定义性概念”。具体概念是指事物的共同本质特征可以通过直接观察得到的概念，它的学习过程要经历“知觉辨别”“假设”“检验假设”和“概括”四个阶段，所以促进具体概念学习的方式，主要有两种：一是提供多种正反例证；二是要对学生的判断做出反馈。定义性概念是指事物的共同本质不能通过直接观察获得，我们只能通过下定义的方式来获得的概念。对于定义性概念，主要通过概念同化和概念形成两种重要方式来进行。所谓概念同化，可以用奥苏贝尔的下位学习模式来解释，即学生认知结构中具有同化新概念的上位结构，然后通过举实例的方式来获得概念学习。所谓概念形成，其学习过程与概念同化相反，是先通过例证的方式来了解概念，然后提出假设、检验假设最终求得概念的本质。促进具体概念学习的方式，同样也适用于促进定义性概念的学习。

规则学习以概念学习为基础。加涅认为，掌握与运用规则可能是人类最主要的一种智慧技能。与概念的例证不同，规则的例证是几类事物之间关系的例证。例如“水果要弄干净再吃”的例证有很多，葡萄要洗干净，苹果要洗干净，橘子剥皮就算干净，核桃砸开就是干净等。所谓的规则学习，实质上就是用大量的例证来说明规则反映的关系，或者说能运用规则在其适用的各种不同情境中办事。如果说概念所反映的是一类事物的共同属性和关系，那么规则所反映的则是几类事物的属性和关系，或者说是几个概念之间的属性和关系。只有对相关基本概念和规则有着良好把握，才能最终促使问题解决能力(高级规则技能)的习得。

规则的学习方式一般有两种：例—规法和规—例法。

所谓例—规法，即指从例子到规则的学习方法。同定义性概念学习方式中的概念形成相同，这种方法也可以用奥苏贝尔的上位学习来解释。通过学习各种反映规则的例证，对它们进行辨别，提出假设并检验假设，进行概括并最终得到规则。例—规法学习方式的内部条件是，必须已经掌握相应的基本概念；外部条件是，列举大量例证并且例证的排列顺序具有线索意义。

所谓规—例法，即指从规则到例子的学习方法。跟概念同化学习方式一样，规—例法是指奥苏贝尔的下位学习。先了解相关的规则描述，然后学习各种与规则相关的实例，最终达到对规则的深刻理解。规—例法学习的重要条件是学习者必须对构成规则的相关概念具有良好把握，否则规则学习很难有成效。

3. 智慧技能的学习

智慧技能的学习要求学生具有适当的内部条件和外部条件。有效学习的内部条件是学生具有适当的知识储备和主动加工的心理倾向。美国认知心理学家奥苏贝尔说："影响学习的唯一的重要因素就是学习者已经知道了什么。"加涅和梅耶也都认为：教新知识之前，必须激活学生长时记忆中相关的原有知识。学生已有的认知结构对新技能的学习具有十分关键的作用。此外，学生对学习内容主动加工的心理倾向也是促使有效学习发生的重要前提。我们都知道自己不容易学好不感兴趣甚至讨厌的东西，其原因便是我们对这样的内容缺乏主动加工的心理倾向，进而无法使学习活动有效起来。智慧技能学习的外部条件有：第一，学习内容必须是有意义的、经过组织的信息，而且必须与学生已有的认知结构具有关联性；第二，必须有线索让学生恢复已有的技能基础；第三，必须提供线索让学生认识即将学习的"技能组合"的性质，并使其与已有技能联系起来。

二、游戏与智慧技能的学习

现如今电脑游戏的长足进步既体现在图像和声音的更加绚丽悦耳、高度模拟现实世界，也体现在游戏规则、游戏过程的更加复杂化。特别是这种内隐于图像和声音之下，体现于玩家与电脑游戏交互操作中的游戏规则，其高度的复杂化和智能性近乎于现实生活中非常复杂问题的内在规定。现实生活中人的智慧技能总是在不断遇到并解决各种问题中习得的，而游戏对现实的这种模仿同样为发展青少年的智慧技能提供了可能性，可以提供智慧技能循序渐进的练习方式。

其一，从外显的图像、声音来看——直观感觉是学习的起点。

人的学习总是始于视觉、听觉等直观感觉。所谓循序渐进的练习方式，其意义是从最基本的技能练习开始着手，一步步增加练习难度，最终达到所要求的技术水平。对于一种特定的"智慧技能"，在开始学习之前，学生可能已经有着不同的发展水平，那么最适合其发展状况的"基本技能"也是不同的。所以在确定基本技能的时候就面临一个"适合所有人"的问题。

从上面提到的加涅关于智慧技能的分层分类可以知道，智慧技能学习的起点是"辨别能力"的发展。辨别能力可以描述为"发现事物或符号间差别的能力"，此种能力是在人最直观的视觉、听觉等感觉基础上进行的。同样对于在辨别能力基础之上形成的"具体概念学习"，无疑也是在视觉、听觉等直观感觉基础上进行的，这一点可以从具体概念的描述性定义上看出来。所谓具体概念，就是指"事物的共同本质特征可以通过直接观察得到"，例如水杯、风扇、电脑等的概念。具体概念的学习过程要经历"知觉辨别""假设""检验假设"和"概括"四个阶段，其中第一、三阶段是用直接感知的方式进行的。电脑游戏从开始到结束，时时刻刻都在用图像和声音作用于玩家的感觉，玩家对相应的图像和声音进行辨别、认识、做出反应并得到反馈。电脑游戏这种用图像和声音来传达信息的方式，适应了所有人的练习要求。

其二，从内隐的规则、目标来看——由易到难是游戏的基本要求。

许多电脑游戏，在游戏开始前会允许玩家选择游戏难度或者根据玩家的等级自动进行分区。根据玩家选择的不同难度，游戏过程预先设定的规则和目标也不同，进而游戏进行的难度也会不同。如 Blizzard 公司（暴雪公司）出品的动作角色扮演类游戏——《暗黑破坏神》就是很好的例证。这款游戏的进行分为三个难度等级——普通级别、噩梦级别和地狱级别，游戏开始默认为普通级别。

相比较开始时进行难度选择的游戏，还有一些游戏允许更加灵活的难度选择，即在游戏过程中也允许改变难度。如大名鼎鼎的CS《反恐精英》，在最经典的1.5版本中，游戏难度主要体现在机器人的“智商”设定上，有菜鸟级、老鸟级、高手级、专家级和上帝级五个难度级别。在与电脑机器人对战中，玩家可以随时“踢除”现有机器人，然后“添加”新智商等级的机器人。

对应于有效学习中对“学生必须具有适当的基础技能，并且能够将其与即将学习的技能联系起来”的要求，电脑游戏提供了游戏练习模式、允许游戏开始时选择难度、允许游戏进行中改变难度等方式，让玩家由易到难地进行游戏，并对玩家从游戏开始、游戏进行直到游戏结束整个过程提供良好的帮助，这可使玩家循序渐进地从“基础技能”一步步走向游戏设计者预先设定于游戏中的“目标技能”。

围绕游戏是否有利于智慧技能的发展方面，Pillay(1999)、Kirriemuir(2002)、Ko(2002)、Green和Bavelier(2003)等人通过对模拟类游戏研究认为，游戏对心智模式(Mental Models)，提高战略思维和洞察力(Strategic Thinking and Insight)，优化心理活动技能(Better Psychomotor Skills)，发展分析和空间技能(Analytical and Spatial Skills)，视觉选择注意(Visual Selective Attention)，计算机技能(Computer Skills)等方面有重要作用[61][48][62][63]。下面从智慧技能的四个方面即辨别、概念、规则和高级规则(问题解决)来归纳游戏对青少年智慧技能的发展作用。

1. 游戏有利于辨别能力的学习

Greenfield等(1994)通过对战斗和冒险性计算机游戏研究认为，在游戏中想象比文字更重要，这种从言辞到图表的表现方式的改变，能够让玩家可视化地从不同的角度辨别屏幕上的图片。通过这种方式，玩家可以发展他们的空间辨别能力和认识技巧。这些对许多计算机应用程序而言是非常重要的，

---

[61] Pillay H, Brownlee J, Wilss L. Cognition and recreational computer games: implications for educational technology [J]. Journal of Research on Computing in Education, 1999, 32(1): 203-216.

[62] Ko S. An empirical analysis of children's thinking and learning using a computer game context[J]. Educational Psychology, 2002, 22(2): 219-233.

[63] Green C, Bavelier D. Action video game modifies visual selective attention[J]. *Nature*, 2003, 423, 534-537.

因此长期玩游戏能帮助玩家适应计算机导向的社会[64]。尚俊杰、庄绍勇、李芳乐等和首都师范大学联合进行了一个"4D"研究项目，该项目是一个让学生学习多维空间概念的网络游戏。在该游戏中，学生可以扮演悟空，通过探索花果山、天宫等活动，来体会一维、二维乃至多维空间，从而培养学生的空间辨别能力[53]（尚俊杰，庄绍勇，李芳乐等，2008）。

2. 游戏有利于概念能力的学习

现在很多游戏在概念与游戏的融合方面都做得非常出色，不再简单地通过文字告诉玩家具体的概念，而是将相关概念隐藏在游戏元素中，玩家需要通过感知并经过思维加工才能得出相关概念，如在《文明》游戏中包括宗教信仰、法律、外交等概念，这有利于玩家概念能力的发展。Natale（2002）研究认为即使非常简单的游戏也可以设计用来学习特殊的知识[6]。比如探索性、交互性游戏就是很好的学习工具，可以在里面嵌入数学或者科学这种在现实中难以通过直接感知的概念，帮助学生形成概念[65]（Doolittle 1995）。有迹象表明游戏中的意义建构是一个重要的迁移过程，这与意义建构过程主要通过归纳还是演绎无关[64]（Greenfield et al.，1994）。

3. 游戏有利于规则能力的学习

Pillay（2003）的研究表明：玩娱乐计算机游戏可能影响孩子以后关于基于计算机的教育任务的成绩，这种影响的程度依赖于学生在学习期间所玩的游戏的类型。线性的因果响应游戏倾向于促进分析策略的形成，而冒险性游戏能促进推理思维和前摄性思维（Inferential and Proactive Thinking）[66]。Griffiths（2002）研究认为当"设计解决某一特殊的问题或教授一特定的技能"[67]时，电脑游戏是非常有效的，比如教授像数学、物理、语言艺术这样的课

---

[64] Greenfield PM, Camaioni L, Ercolani P, et al. Cognitive socialization by computer games in two cultures: inductive discovery or mastery of an iconic code[J]. Journal of Applied Developmental Psychology, 1994, 15(1): 59 - 85.

[65] Doolittle JH. Using riddles and interactive computer games to teach problem-solving skills[J]. Teaching of Psychology, 1995, 22(1): 33 - 36.

[66] Pillay H. An investigation of cognitive processes engaged in by recreational computer games players: implications for skills of the future[J]. Journal of Research on Technology in Education, 2003, 34(3): 336 - 350.

[67] Griffiths MD. The educational benefits of videogames[J]. Education and Health, 2002, 20(3): 47 - 51.

程，这时候，规定了特定的对象[56]（Randel et al.，1992），在与学习能力和学习目标有关的内容[48]（Kirriemuir，2002）里有选择地安排。Henry M. Halff 做了冒险类游戏在自然科学教学中应用的研究[68]。在研究中他指出自然科学的特点主要有：结构复杂、抽象概念推理困难、定量问题解决引发挑战，这些是这种游戏设计目标必须遵循的特点。他在文中提到一个例子，物理中电容的平衡问题，两个已知电容，求第三个，在游戏中是通过一个拨盘来实现的。这样就消除了学生因为枯燥乏味而带来的消极因素，使学生积极地投入到"游戏"中去。

4. 游戏有利于高级规则能力的学习

美国学者拉扎斯菲尔德和默顿曾指出：大众媒介是一种既可以为善服务，也可以为恶服务的工具。青少年作为整个社会成员中最敏感的层次，在学习压力和社会压力越来越大的情况下，他们需要找到一个途径，来展现他们对新事物、新知识的迅速反应能力，强烈的求知欲和积极的探索创新精神，网络游戏创设的虚拟空间恰恰满足了这种需求[69]。Gee（2003）等研究认为学生通过游戏可以参与到故事中，这改变了学生与情节的关系，通过看见的、经历的事情，以及发现新方法的创造力来完成游戏，这有利于学生创造力的培养[70]。尚俊杰、庄绍勇、李芳乐等在《农场狂想曲》游戏的实验中，通过对学生提交的游戏日志、总结报告以及游戏中的操作行为进行了深入的质和量化分析，发现学生在解决问题的能力、计划能力、应变能力和财务管理能力方面均有不同程度的提高[53]（尚俊杰，庄绍勇，李芳乐等，2008）。

复杂游戏有助于获得令人鼓舞的态度变化，有助于支持批判思想的发展，有助于问题解决和决断能力的发展[71][57]（Hollins，2003；Squire et al.，2003）。Doolittle（1995）成功地将解谜和探究式的游戏运用于提高大学生的创造性和

---

[68] Henry M. Halff. Adventure Games for Science Education：Generative Methods in Exploratory Environments.

[69] 王仕勇.从网络游戏成瘾看青少年新媒体素养教育[J].重庆工商大学学报（社会科学版），2008，25(2).

[70] Gee JP. What video games have to teach us about learning and literacy[M]. New York：Palgrave Macmillan，2003.

[71] Hollins P. Playing is the new learning. E. Learning Age[M]. December-January，16－19，2003.

其他批判性思维培养上[65]。

综上所述，从辨别的角度，游戏能训练青少年的图像辨别能力，发展空间辨别能力和认识技巧；从概念的角度，在特定种类的游戏中嵌入难以直接感知的概念，促进青少年通过思维加工形成概念，有利于概念能力的发展；从规则的角度，游戏与特定学科知识结合，一些特殊的问题或特定的技能需要青少年通过对相关规则的应用予以解决，这有利于青少年规则能力的发展；从高级规则的角度，复杂游戏能锻炼青少年的创新精神，培养他们的创造力，提高他们问题解决能力，促进批判性思维的发展。游戏与智慧技能发展的关系如表 4.4 所示。

表 4.4 游戏与智慧技能发展的关系

一级指标	二级指标	说明
智慧技能	辨别技能	游戏能训练青少年的图像辨别能力，发展空间辨别能力和认识技巧
	概念技能	在特定种类的游戏中嵌入难以直接感知的概念，促进青少年通过思维加工形成概念，有利于概念能力的发展
	规则技能	游戏与特定学科知识结合，一些特殊的问题或特定的技能需要青少年通过对相关规则的应用予以解决，这有利于青少年规则能力的发展
	高级规则	复杂游戏能锻炼青少年的创新精神，培养青少年的创造力，提高青少年问题解决能力，促进批判性思维的发展

三、具体案例

1. 实例：益智游戏有利于提高智力水平[72]

英国《每日邮报》29 日援引发表在美国《国家科学院学报》的最新研究报告说，每天做些益智游戏可以提高智力水平，让人们在工作中更加得心应手。

来自瑞士和美国的专家组成的研究小组设计了实验，并招募 70 名志愿者参与其中。实验结果表明，玩益智游戏的志愿者记忆力得到改善、逻辑思维增强、处理棘手问题的能力提高。研究还发现，每天进行 25 分钟智力训练让人获益匪浅，如果时间紧张，5 分钟的小训练也能有所裨益。

---

[72] 新华网. http://news.xinhuanet.com/newscenter/2008-04/30/content_8074834.htm.

研究小组成员、美国密歇根大学马丁·巴斯库教授说："玩益智游戏的时间越长，智力提高效果越明显。"

做益智游戏的35名志愿者还被分为4组，每组参与实验的时间分别为8天、12天、17天和19天。

实验结束后，研究人员重新测量35人的流体智力，并与对照组比较。虽然对照组志愿者的流体智力也稍有提高，但做益智游戏的一方进步更明显，他们可以多答出9到12个题目。

连续做益智游戏19天的志愿者进步最大，研究结果表明，他们普遍拥有40％的提高率。

2. 调查研究：玩出领导力

网络游戏的普及，引发全球教育界、家长们的担心。电子游戏成瘾、不利于学习的报告则纷纷出笼。然而两篇重量级论文却提出颠覆性的观点：网络游戏可以"玩出领导力"[73]。

第一篇论文：2008年2月，全录公司前首席科学家约翰·布朗(John Seely Brown)，发表《网络游戏玩出顶尖员工》(The Gamer Disposition)一文[74]。文中指出，在网络游戏里表现良好的玩家，在企业里，会比一般人多出五种优异特质：强调绩效、了解多元力量、乐于改变、乐在学习、努力寻找优势。

这份论文，被2008年的《哈佛商业评论》选为年度二十大真知灼见之一。

第二篇论文：2013年5月，美国麻省理工学院(MIT)史隆管理学院的教授马隆(Thomas Malone)和斯坦福大学教授李夫兹(Byron Reeves)，也在《哈佛商业评论》上发表了《玩出领导力》(Leadership's Online Labs)一文。

他们花了八个月的时间观察网络游戏玩家如何组织队友、完成任务。他们发现，领导一个网络游戏公会，不但会用到史隆领导模式(Sloan Leadership Model，麻省理工学院发展的管理理论，认为领导者应有形成愿景等分析状况

---

[73] 林宏达. 网络游戏可以玩出"领导力"[DB/OL]. 中国文化报—网络文化，http://news.idoican.com.cn/zgwenhuab/html/2008-08/15/content_10129547.htm.

[74] John Seely Brown, Douglas Thomas. The Gamer Disposition[DB/OL]. http://conversationstarter.hbsp.com/2008/02/the_gamer_disposition.html.

能力)里的四种能力,在"尝试创新"和"协调利益"的能力上,领导力不比大公司经理差[75]。

"第一流游戏领导者维系关系的技巧,会让《财富》五百大企业的专业经理人相形失色。"他们在报告中这样说。

两篇论文,不只是学术象牙塔里的概念。去年,科技巨人 IBM 也在内部调查,针对一百三十五位有管理经验,也是网络游戏的会长或成员的员工。他们惊讶地发现:"四分之三的受访者认为,企业可应用线上多人游戏的环境,改进领导效能。一半的受访者也肯定,玩游戏改善了他们在现实世界的领导能力,尤其在管理非正式直属团队成员的时候。"

第三节 游戏与动作技能的发展

一、动作技能

(一) 动作技能的定义

动作技能是一种习得的能力,以它为基础的行为表现反映在身体运动的速度、精确度、力量和连续性上[45]。从结构上来说,动作技能包括感受部分、中枢部分和动作部分等三种基本成分。人们在完成一项特殊的动作任务时,他们的感觉器官在内外环境特定刺激的作用下,将这些信息迅速地输入人脑进行信息加工,并做出指令调节和支配效应器官的活动动作,使各种动作协调进行,使自身的肌肉活动适应变化着的环境条件,产生某种动作节律。动作技能包含两个成分:一是描述如何进行动作的规则,即动作程序;二是因练习与反馈而逐渐变的精确和连贯的实际肌肉运动。

动作技能除了具有一般技能的基本特点,比如符合一定的法则、具有顺序性之外,还有其他一些特点,如表 4.5 所示。

---

[75] Byron Reeves, Thomas W. Malone, Tony O'Driscoll, Leadership's Online Labs [J]. Harvard Business Review Article, R0805C, 2008.

表 4.5　动作技能的特点

特　征	解　　释
客观性	动作的对象:操作客观的物体或肌肉;操作的过程:通过外显的肢体动作来表示
精确性	符合规范要求,符合动作原理,无论在动作的力量、速度、幅度还是结果等方面都有标准可循。如投篮
协调性	由一系列动作成分构成,各成分以整合的、互不干扰的方式和顺序运行。各个动作成分按照时空顺序,遵循动作规则并达到动觉和视觉的统合
适应性	能适应各种变化的条件,活动是稳定性和灵活性的统一

(二)动作技能的分类

动作技能可以根据操作对象的不同而分为器械型操作技能与徒手型操作技能两种。更为流行的观点是,动作技能可以根据其在三个维度的连续体上的位置加以描述。

1. 精细的和粗大的

两者的区别在于与动作有关的身体肌肉的数量。粗大技能(Gross Motor Skill)是指运用大肌肉,而且经常要涉及整个身体,例如游泳、打球、跑步等。学会这些动作技能的用意不在于发展肌肉的力量,而是精确掌握动作并适时使用。与此相对应,处于这个连续体另一端的被称为精细技能(Fine Motor Skill),主要局限在较狭窄的空间内进行并要求较精巧的协调动作,主要表现为腕关节和手指运动,例如穿针引线、写字、弹钢琴等。但是手工技能并不是精细动作技能的全部,声带在演说或唱歌中的使用,摆动耳朵等也属于精细动作技能的范畴。

2. 连贯的和不连贯的

连贯技能(Continuous Skill)指以连续、不间断的方式完成一系列动作,如说话、打字、唱歌等。动作之间没有明显的、可以直接感觉出来的开端和重点,一般持续的时间较长,当然这种连续性也会对任务进行不断的调整。与此相反,一个不连续的运动任务通常是对特定的外部刺激做出的特定的运动。不连贯技能(Discrete Skill)的动作之间可以直接感知到开端和终点,完成这种技能,时间相对短暂,例如挪动棋子、倒水等,一般是由突然爆发的动作组成。

3. 封闭技能和开放技能

封闭性技能(Closed Skill)是一种完全依赖内部肌肉反馈作为刺激指导

的技能。这种任务闭着眼睛也能完成。例如在黑板上徒手快速划一个大圆就接近于封闭动作技能。而生活中许多动作任务都具有开放的特征，它们的反应或多或少地受到外部刺激的影响。开放性技能（Open Loop Skill），也称开放环路技能，主要依赖于周围环境提供的信息，正确地感知周围环境成为运动调节的重要因素。例如打篮球等。开放性技能要求人们具有处理外界信息变化的能力和对事件发生的预见能力。

（三）动作技能的形成

练习是学生动作技能形成的基本途径。对于动作技能的形成，一般认为分为三个阶段：首先是活动的定向阶段，又称为动作技能的认知阶段，是指人通过别人的言语讲解或动作示范而对动作有个大致理解，在头脑中形成动作的映像；其次是模仿动作阶段，又称联系形成阶段，是指个体借助前一阶段在头脑中形成的映像，进行实际动作的模仿尝试。学习者一般会将整套的大的动作技能分成一系列局部动作来模仿，通过不断练习形成动作连锁并最终形成一个连贯技能整体；最后一个阶段是动作的熟练阶段，又称自动化阶段。这是操作技能的最高阶段，这时人对动作的意识控制水平大为降低，可以无意识下自动流畅地做出整套的动作。动作敏捷、正确、稳定和灵活，多余动作和紧张感消失是这一阶段的标志。

二、游戏与动作技能的学习

电脑游戏对动作技能虽然没有直接的训练作用，但许多电脑游戏（特别是高度仿真的模拟类电脑游戏）对其中对象的操作需尊重科学规则，和现实中的操作规律基本一致，这有利于动作技能的认知和演练。动作技能认知阶段的学习主要靠言语讲解或动作示范进行，其目的是对动作有大致理解并在头脑中形成动作的映像。而电脑游戏在呈现言语信息，形成真实细致、易于操控的图像方面能力超群，因此利用电脑游戏进行动作技能的认知阶段学习是十分有利的。动作技能演练是指以形成某种技能为目的的学习活动，是以掌握一定的动作方式为目标而进行的反复操作过程。演练包括重复和反馈，电脑游戏可以提供虚拟的操作和反馈，而这同样有助于动作技能的掌握。[43]

动作技能的执行体现了构成肌肉活动的运动顺序的智慧技能，其活动要满足速度、准确性、力量和执行流畅性等标准。[45]从速度的角度讲，需要学生有较高的手眼协调工作能力；从准确的角度讲，需要学生有较好的精细运动技能和视觉注意力、空间感知力；从力量的角度讲，需要学生有较强的粗大运动技能；从执行流畅性的角度讲，需要学生反复练习。这里将手眼协调能力、精细运动技能、视觉注意力、空间感知力和粗大运动技能这些人的内在动作潜能称为动作技能素质。因此下面就从动作技能素质、动作技能练习两个方面归纳游戏对青少年动作技能发展的作用。

1. 游戏有利于动作技能素质的提高

游戏的可玩性表现在游戏所包含的交互性的程度及特点，它所指的就是玩家与游戏世界及游戏世界对玩家的选择所作出的反应方式[76](Richard Rouse，2003)。许多电脑游戏需要玩家快速作出反应，对玩家的操作要求非常之高，例如拳皇系列格斗游戏、反恐精英和Doom、劲舞团、劲乐团等等。在这些游戏中，游戏者操作键盘、鼠标和游戏手柄等工具进行游戏，根据声音和画面的变化来调节操作，使手和胳膊的动作与视觉听觉相协调。这些对玩家的手眼协调能力、注意力等动作技能素质有帮助，有些方面已经得到了临床医学的证实。

(1) 游戏用于治疗精神分裂症[77](Samoilovich et al.，1992)，促进和加强运动技能[78](Sietsema et al.，1993)有明显效果。

(2) 游戏可用于提供认知注意力的转移(如治疗的痛苦和晕船恶心等)。例如，用于遭受打击、烧伤的患者或接受化疗的孩子[79](Vasterling et al.，1993)。

(3) 游戏用于治疗注意力不集中的人，提高了他们的视觉扫描和跟踪能力[80](Larose et al.，1989)。当注意力减弱时，如果游戏难度逐步增大，对注意

---

[76] Richard Rose. 游戏设计——原理与实践[M]. 北京：电子工业出版社，2003.

[77] Samoilovich S，Ricccitelli C，Scheil A，et al. Attitude of schizophrenics to computer videogames[J]. Psychopathology，1992，25：117－119.

[78] Sietsema JM，Nelson DL，Mulder RM，et al. The use of a game to promote arm reach in persons with traumatic brain injury[J]. American Journal of Occupational Therapy，1993，47：19－24.

[79] Vasterling J，Jenkins RA，Tope DM，et al. Cognitive distraction and relaxation training for the control of side effects due to cancer chemotherapy[J]. Journal of Behavioural Medicine，1993，16：65－80.

[80] Larose S，Gagnon S，Ferland C，et al. Psychology of computers，XIV. Cognitive rehabilitation through computer games[J]. Perceptual and Motor Skills，1989，69：851－858.

力的提高会有很大帮助[81](Pope and Bogart，1996)。

(4) 游戏也有助于支持分析儿童注意力的发展：Bangor 大学研究认为，PlayStation 2 games 在评估儿童的视觉处理能力方面是非常有用的[48](Kirriemuir,2002)。

2. *游戏有助于动作技能练习*

电脑游戏虽然要遵循一定的规则，但它允许玩家对对象的操作，进而支持动作熟练程度的发展[82](Fabricatore,2000)。Saunders and Smalley(2000)在终身学习研究中，认为游戏提供了一种在虚拟的现实框架中学习技术的机会，这对为工作准备着的学生存在有意义的影响[83]。在游戏中，当玩家有机会参与内容设计来处理现实世界的问题时，有效性将被加强[84](Kusunoki et al.，2000)。当玩家以新的方法经历主体领域或情境并形成新的联系，那他在这个领域中进行的学习和操作对将来的学习和工作是有帮助的，或者可以迁移到其他的领域[70](Gee,2003)。

网络冒险游戏、角色扮演游戏就提供了一系列很有必要的经验学习的机会[85][86][70](Filipczak，1997；Griffiths and Davies，2002；Gee，2003)。这引起了军队的高度重视，《中国国防报》的报道称，近年来，随着我军信息化建设的发展、部队局域网的建设，有些部队已把主战坦克、战斗机、步兵战车和汽车驾驶等多种仿真"游戏"投入到了训练实践，而且效果非常明显。通过"网上对抗

---

[81] Pope AT，Bogart EH. Extended attention span training system：video game neurotherapy for attention deficit disorder[J]. Child Study Journal，1996，26(1)：39－50.

[82] Fabricatore C. Learning and videogames：an unexploited synergy[DB/OL]. www.learndev.org/dl/FabricatoreAECT2000.pdf.

[83] Saunders D，Smalley N. Simulations and games for transition and change in lifelong learning[C]. In D Saunders and N Smalley (eds) The international simulation and gaming research yearbook. London：Kogan Page，1－9，2000.

[84] Kusunoki F，Sugimoto M，Hashizume H. Discovering how other pupils think by collaborative learning in a classroom[C]. Paper presented to the Fourth International Conference on Knowledge-based Intelligent Engineering Systems and Allied Technologies，30 August-1 September 2000.

[85] Filipczak B. Training gets doomed[C]. Training，August 1997，24－31，1997.

[86] Griffiths MD，Davies MNO. Research note-excessive online computer gaming：implications for education[J]. Journal of Computer Assisted Learning，2002，18(3)：379－380.

演习”“军事游戏对抗训练”等活动，有组织、有计划、有目的地让官兵在各种“虚拟战场”上扮演不同“角色”，适应“战场”环境，为展开实兵实弹演练，提高信息化条件下的作战能力，打好前站，做好铺垫。[87] 电脑游戏用于士兵培训的效果在伊拉克战争中得到证实。伊拉克战争爆发前，美军专门为海军陆战队秘密开发了一款电脑游戏软件，里面的地形、街道、建筑、桥梁等标志物，都是依照伊拉克首都巴格达的特征模拟的。统计结果显示，从未参加过电脑游戏实战的飞行员在首次执行任务时生存的概率只有60%，经过计算机模拟对抗训练后，生存的概率可以提高到90%[88]。

综上所述，从动作技能素质的角度，游戏可用于培养青少年的手眼协调能力、空间感知力和视觉注意力；从动作技能练习的角度，游戏为青少年提供了动作技能练习的环境和相关知识，可使青少年获得特定的动作技能锻炼的机会，并通过游戏加以反复练习。游戏与动作技能发展的关系如表4.6所示。

表4.6 游戏与动作技能发展的关系

一级指标	二级指标	说明
动作技能	技能素质	游戏可用于培养青少年的手眼协调能力、空间感知力和视觉注意力
	技能练习	游戏为青少年提供了动作技能练习的环境和相关知识，可使青少年获得特定的动作技能锻炼的机会，并通过游戏加以反复练习

三、具体案例

1. 实例：玩电脑游戏可助外科医生提高手术技术[89]

背景：视频游戏已经融入人们的主流文化之中。有些年轻的外科医生发表了一些有趣的观点，认为常玩视频游戏的外科医生在腹腔镜手术中有卓越的表现。视频游戏对外科医生训练方面的益处应该是可以量化的。

---

[87] 新华网. http://news.xinhuanet.com/mil/2008-01/28/content_7511071.htm.

[88] 新华网. http://news.xinhuanet.com/mil/2007-05/14/content_6092748.htm.

[89] James C. Rosser Jr; Paul J. Lynch; Laurie Cuddihy; et al. The Impace of Video Games on Training Surgeons in the 21st Century[J]. Issue of Archives of Surgery, 2007, 142(2): 181-186.

假设：玩视频游戏和腹腔镜手术与缝合技能之间存在着潜在的联系。

设计：对参与实验的实验者的表现进行代表性的分析。实验者包括外科住院医生、主治医生，他们将参加 Rosser 腹腔镜手术与缝合技能“高手”实验。实验者体验三种不同的视频游戏。实验设计者做了相关的调查，通过调查评估每一位实验者以往的及实验中的游戏经历、所接受的外科手术技能训练水平、参与腹腔镜手术的次数以及从医的年数。

情景：医疗中心并进行外科手术技能训练

参与者：三十三位外科住院医生和主治医生，他们参加了从 2002 年 5 月 10 日到 8 月 24 日的“高手”实验

主要结果测量：实验结果将通过比较参与者的腹腔镜手术技巧及缝合手术技能、游戏得分以及以往的游戏经历得出。

实验结果：较之其他，过去每周游戏超过三小时的被试的失误率少 37%（$P<0.2$），完成的速度快 27%（$P<0.3$）。“高手”实验的综合得分(时间和失误)方面，以往玩游戏的实验者高出 33%（$P<0.05$），而对于以往游戏时间大于 3 小时/周的实验者而言，得分高了 42%（$P<0.1$）。较之实验中没有玩游戏的实验者而言，玩游戏的实验者的失误率少 32%（$P=0.4$），速度快 24%（$P<0.4$），综合得分高 26%（失误和时间）（$P<0.05$）。如果按游戏技能将实验者分组，技能高手实验者的失误率少 47%，速度快 39%，得分高 41%（P 值均小于 0.01）。衰退分析同样表明视频游戏与游戏经历对腹腔镜手术技能有重要的影响。

结论：通过上述实验，James C. Rosser Jr 等认为游戏技能与腹腔镜手术技能之间存在联系。包含游戏的训练课程将有助于拉近外科医师与屏幕支持的医疗设备之间的技术性距离。游戏将成为训练外科医生的实用教学工具。

2. 实例：游戏拯救伤员（Video Game Saves Lives）[90][91]

在北卡罗来纳州罗列南部 25 英里的洲际公路上，Paxton Galvanek 目睹了一辆越野车失去控制而发生车祸。他来到车旁对被困在车中的两人实施援助。车中的两人，一位只是轻伤，另一位手指断了几根，正大量失血，而且头部有着严

[90] Video Game Saves Lives[DB/OL]. 视频报道 http://www.youtube.com/watch?v=uLzTMU79UH8.

[91] Video Game Saves Lives[DB/OL]. http://www.psxextreme.com/ps3-news/2460.html.

重的外伤。当警察来到并接管了现场后，警察告诉 Paxton 他做的一切都很及时有效，而且因为他采取了及时的措施，受伤男子并未陷入危险的情况之中。

Paxton 写信给《美国陆军》，感谢他们提供的游戏医疗训练让他能够挽救一个陌生人的生命："事先我并没有接受过任何的医疗训练，但在游戏中我知道必须为受伤严重的人做优先处理以减轻伤害判定，而在医疗训练中演示过如何控制失血。"

第四节　游戏与态度的培养

一、态度

1. 态度的定义

人类在"情感领域"上习得的性能称为"态度"，态度是改变个体行为选择的一种持续状态，影响个体对人、物、事的行为的复杂的内部状态，放大个体对某些人、物、事的积极的或消极的反应[45]。态度的"内部状态"是从个体行为的观察中推论出来的，不是行为本身。对象包括人、事、物、制度以及代表具体事件的观念，也包括本人的各个方面，都可以有所评价，赞成或反对，与此同时做出准备去行动的直观心理状态。对于该定义，可以从下面几个方面来理解。

第一，态度是一种内部准备状态，而不是实际反应本身。态度经常表现为趋避、喜恶等，这些倾向性可以影响某些行为的出现，但又不是一一对应的。

第二，态度不同于能力，虽然二者都是内部倾向。能力决定个体能否顺利完成任务，而态度则决定个体是否愿意完成某些任务，即决定行为的选择。

第三，态度是通过学习而形成的，不是天生的。无论是对人还是对事，各种态度都是通过个体与环境相互作用而形成、改变的。

2. 态度结构

态度结构涉及态度的认知成分、情感成分和行为成分。

(1) 态度的认知成分。指个体对态度对象所具有的带有评价意义的观念和信念。对于某一对象而言，不同个体的态度中所含的认知成分是不同的，某些人的态度主要基于理解方面的慎重考虑，而某些人的态度可能主要基于情感冲动；有些态度可能基于正确的观念和信念，而有些态度可能基于错误的观念和信念。

（2）态度的情感成分。反映伴随态度的认知成分而产生的情绪或情感体验，是态度的核心成分。研究表明，态度发生变化时，情感也会发生相应的改变。但不同态度的情感成分不尽相同，有的态度理智成分较多，有的态度却是非理智的、情绪化的。

（3）态度的行为成分。指准备对某对象作出某种反应的意向或意图。一般情况下，态度的上述三种成分是协调一致的，但有时也可能不一致。比如，行为成分与认知成分相分离，外在的行为不一定是内在的真实态度的体现，或者口头表达的态度常常不能付诸行动，即知行脱节。

3. 态度的学习

有利于态度学习的条件和态度改变的方法是相当复杂的，比较有效的方法有通过表扬或奖励等直接方法和通过榜样作用的间接方法[45]。

表扬或奖励等直接方法是建立在斯金纳的"强化相依关系"的观点上的（Skinner，1968）。根据斯金纳的观点，学习的基本形式是在要学习的新技能或知识成分之后伴随着令人喜好或奖励性的活动，后者的出现依赖于前者的获得。根据这一原理，可以视情况不同而给学生提供一些他们喜欢的活动。学生一旦通过表扬或奖励获得成功的体验，便会逐渐喜欢新习得的东西和方法，即会对新的学习产生积极的态度。

"榜样作用"（Bandura，1969，1977）是学生通过观察别人的所作所为来进行的一种社会学习。美国心理学家班杜拉在他所创立的社会学习理论中指出，观察学习是社会学习的一种最重要的形式，人的社会行为是通过"观察学习"获得的。在生活中，学生会通过对榜样观察和模仿来学习榜样的动作、语言和态度等。

二、游戏与态度的养成

电脑游戏在图像和声音的展示、融合上真可谓技艺高超，它把现实世界中复杂的色彩、声音和三维空间良好地模拟到游戏中，达到令人惊异的效果。电脑游戏之所以吸引人，有那么大的"粘性"，很重要的一个原因便来自于其画面的精美、声音的悦耳和 3D 立体效果的完美。电脑游戏中充满神秘感的地图场景、新奇的怪物模样、华丽的人物形象和漂亮的技能动作无不让游戏者眼睛为之一亮，在初次接触时就被深深吸引，充满了探索游戏中奥秘的愿望。游戏中的奖惩措施及其他成功玩家的榜样为规范玩家的游戏行为、激励玩家继续探索提供了有效的制度保障。所有这些都有助于形成玩家态度的情感成分。

电脑游戏内隐于图像和声音之中的规则性，无疑是电脑游戏吸引力的核心组成部分，也是其与玩家进行交互的重点所在。玩家于游戏中体会到快乐并乐意继续进行游戏，最大原因莫过于游戏中复杂的、有挑战性的规则而为之采用的合适的操作行为应对，这有助于形成玩家态度的行为成分。随着游戏的深入，玩家通过操作逐步掌握规则，对游戏中知识理解的逐步深入会改变对相关知识的态度，这有助于形成玩家态度的认知成分。

由上述分析可知，游戏对玩家的态度作用表现在态度的情感成分、行为成分和认知成分，下面就从这三个方面论述游戏对态度培养的作用。

1. 游戏有利于从情感的角度培养态度

电脑游戏对玩家情感角度的作用得到了许多学者的认可。Poole 认为丰富的视觉和空间美感将你带进一个令人放纵的虚幻世界，但看起来就跟真实世界一样。这些游戏既令人心生敬畏，又给人带来快乐[92]（Poole，2000）。与工作相关联的游戏情境鼓励缺乏胜任工作基本技能的年轻人参加高深课程的学习。游戏引导他们学习并且通过视觉刺激、行动序列和音像反馈获得成绩[93]（Brownfield and Vik，1983）。对于传统的课堂教学方法而言，游戏能激发学生的浓厚兴趣[48]（Kirriemuir，2002），学生通过乐趣来激发动机，这是"人类发展过程中自然学习过程的一部分"[94]（Bisson and Luckner，1996）。将教育游戏应用于课堂教学，能够有效地激发学生的动机，从而对课堂教学产生积极的效果[95]（Rosas，2003）。Becta 在 CGE 项目中证实，游戏具有增强学习动机，激发自信心，促进协作学习等优点[11]（Becta，2004）。

2. 游戏有利于从行为的角度培养态度

游戏能够提供完全交互的虚拟的玩的环境，用以支持玩家的操作行为。

---

[92] Poole S. Trigger happy, video games and the entertainment revolution[M]. New York: Arcade Pulishing. 2000.

[93] Brownfield S, Vik G. Teaching basic skills with computer games[J]. Training and Developmental Journal, 1983, 37(2): 52 - 56.

[94] Bisson C, Luckner J. Fun in learning: the pedagogical role of fun in adventure education[J]. Journal of Experimental Education, 1996, 19(2): 108 - 112.

[95] Rosas R, Nussbaum M, Cumsile P, Marianov V, et al. Beyond Nintendo: design and assessment of educational video games for first and second grade students[J]. Computers and Education, 2003, 40: 71 - 94.

游戏中的环境信息能够创造一种让人沉浸其中产生类似于真实生活的行为体验，及时反馈可以用来刺激玩家在游戏行动中改变态度，并保持对游戏的浓厚兴趣㉞(Prensky,2001)。尤其复杂的游戏非常有助于玩家获得令人鼓舞的态度变化，并支持批判思维的发展，有助于问题解决和决断能力的发展⑧㊿(96)(71)(57)(Ritchie and Dodge, 1992; Berson, 1996; Helliar et al. , 2000; Hollins, 2003; Squire et al. , 2003)。玩家通过游戏行为接受游戏中的故事，体验故事中的人物经历，这非常具有感染力(97)(McLellan,1994)。玩家游戏是为了获胜或者说是为了达到一定的目标，但最关键的是获胜的同时又不失挑战性的游戏行为体验⑪(Becta,2001)。

3. *游戏有利于从认知的角度培养态度*

类似于现实的生活环境，玩家在游戏中的态度也会随着认识的深入而逐步改变。激励玩家继续游戏下去的要素就存在于游戏过程本身(游戏过程固有的一些活动、策略能够促使玩家沉浸于游戏的每一阶段，激励他们最终完成整个游戏)(98)(Prensky, 2002)，对许多玩家来说，最终的目的是熟悉掌握⑪(Becta,2001)。并不是所有的游戏都靠暴力来吸引人(例如测验类型的游戏)，游戏的吸引力就在于玩家对游戏的掌握和努力提高自己的技能水准(99)(Mitchell,2003)。这可以用来鼓励那些缺乏兴趣、自信⑧(Klawe,1994)、自尊(100)(Dempsey et al. ,1994)的学生，在游戏中改变他们的态度从而提高他们对知识的掌握和保持。

---

(96) Helliar CV, Michaelson R, Power DM, et al. Using a portfolio management game (Finesse) to teach finance[J]. Accounting Education, 2000, 9(1): 37 - 51.

(97) McLellan H. Magical stories: blending virtual reality and artificial intelligence [C]. In DG Beauchamp, RA Braden and RE Griffin (eds) Imagery and Visual Literacy: Annual Conference of the International Visual and Literacy Association, 76 - 80, 1994.

(98) Prensky M. The motivation of game play. The real twenty-first century learning revolution[J]. On the Horizon, 2002, 10(1): 5 - 11.

(99) Mitchell A. Exploring the potential of a games-oriented implementation for m-portal[C]. Paper presented to the MLEARN 2003 Conference-Learning With Mobile Devices, 19 - 20 May 2003, London, 2003.

(100) Dempsey JV, Rasmussen K, Lucassen B. Instructional gaming: implications for instructional technology[C]. Paper presented at the Annual Meeting of the Association for Educational Communications and Technology, 16 - 20 February 1994, Nashville, TN.

综上所述，从态度的情感成分的角度，游戏中丰富的视觉和空间美感，悦耳的声音，与学习和工作相关联的环境，有利于引起青少年的兴趣，引发积极的学习情感；从态度的行为成分的角度，游戏提供的虚拟环境支持青少年的操作行为，产生类似于真实的行为体验，并通过游戏反馈得以加强，从而引起青少年的兴趣，引发积极的学习情感；从态度的认知成分的角度，游戏提供了青少年对相关对象、操作技能的理解和掌握的过程，这有利于引起青少年对相关内容的兴趣并引发积极的情感。游戏与态度养成的关系如下表 4.7 所示。

表 4.7　游戏与态度养成的关系

一级指标	二级指标	说　　明
态　度	情感成分	游戏中丰富的视觉和空间美感，悦耳的声音，与学习和工作相关联的环境，有利于引起青少年的兴趣，引发积极的学习情感
	行为成分	游戏提供的虚拟环境支持学生的操作行为，产生类似于真实的行为体验，并通过游戏反馈得以加强，从而引起青少年的兴趣，引发积极的学习情感
	认知成分	游戏提供了学生对相关对象、操作技能的理解和掌握的过程，这有利于引起青少年对相关内容的兴趣并引发积极的情感

三、具体案例

1. 案例：教育游戏在学习、动机和教室活力方面的效果

在智利，Rosas 等(2003)的研究工作，评估了把视频教育游戏引入教室的效果，发现其在学习、动机和教室活力方面有积极的作用。这个项目有 1274 名来自经济欠发达地区学校的一、二年级学生。游戏通过特殊的设计支持学生的阅读理解、拼读和数学技能[95]。

这个试验把学生分成实验组(EG)、内部控制组(IC)和外部控制组 (EC)。EG 组的学生在三个多月时间里平均接受 30 个小时的视频游戏试验，结果显示 EG 组和 IC 组与 EC 组在数学、阅读、理解和拼读方面有很大的差异，但 EG 组和 IC 组在这些方面没有太大的差异。老师的报告和教室观察确定在学习动机、教室活力方面有提高。

2. 案例:游戏《农场狂想曲》

尚俊杰、庄绍勇、李芳乐等在关于《农场狂想曲》的实验(2006 年 3 月到 5 月)中,87.5%的同学表示喜欢或者非常喜欢这个游戏。研究结果也显示,同学们在环境保护和农业方面确实有比较深刻的认识。87%的同学都表示通过这次学习活动,对于农民的辛苦有了更深刻的认识,这对于基本上已经没有农业的香港学生来说,意义自然是非常重要的[53](尚俊杰,庄绍勇,李芳乐等,2008)。

本章小结

本章从认知领域、动作技能领域和情感领域三个方面,参考加涅的学习结果理论,从游戏与言语信息的学习、游戏与智慧技能的发展、游戏与动作技能的发展和游戏与态度的养成四个维度构建了游戏与青少年发展理论框架体系(见表 4.8)。

表 4.8 游戏与青少年的发展框架体系

领域	一级指标	二级指标	说明
认知	言语信息	学习情境	游戏为青少年提供仿真环境、上下文情境、背景知识、学习机会
		学习方法	游戏为青少年提供了不同学习方式的条件,包括试误学习、合作学习、发现学习等
		学习内容	游戏可用于青少年学习地理、农业、环境、经济、政府、社会、科普等学科知识
		学习记忆	游戏能引起青少年的注意,有利于青少年的短期记忆和长期记忆
	智慧技能	辨别技能	游戏能训练青少年的图像辨别能力,发展空间辨别能力和认识技巧
		概念技能	在特定种类的游戏中嵌入难以直接感知的概念,促进青少年通过思维加工形成概念,有利于概念能力的发展
		规则技能	游戏与特定学科知识结合,一些特殊的问题或特定的技能需要青少年通过对相关规则的应用予以解决,这有利于青少年规则能力的发展

（续表）

领域	一级指标	二级指标	说　　明
认知	智慧技能	高级规则	复杂游戏能锻炼青少年的创新精神，培养青少年的创造力，提高青少年问题解决能力，促进批判性思维的发展
动作技能	动作技能	技能素质	游戏可用于培养青少年的手眼协调能力、空间感知力和视觉注意力
		技能练习	游戏为青少年提供了动作技能练习的环境和相关知识，可使青少年获得特定的动作技能锻炼的机会，并通过游戏加以反复练习
情感	态　度	情感成分	游戏中丰富的视觉和空间美感，悦耳的声音，与学习和工作相关联的环境，有利于引起青少年的兴趣，引发积极的学习情感
		行为成分	游戏提供的虚拟环境支持学生的操作行为，产生类似于真实的行为体验，并通过游戏反馈得以加强，从而引起青少年的兴趣，引发积极的学习情感
		认知成分	游戏提供了学生对相关对象、操作技能的理解和掌握的过程，这有利于引起青少年对相关内容的兴趣并引发积极的情感

第五章　Edu-game的内容体系

本书在第二章第二节介绍了Edu-game概念，提到Edu-game是承载着具体的教育目的、包含了相关教育内容的游戏。作为Edu-game具体教育内容的选择决定了包括外显于游戏环境的文字、图像和声音等可感知元素所承载的语言文字信息，以及内隐于这些文字、图像和声音等可感知元素里的游戏规则，因此Edu-game的核心是教育内容，也就是说教育内容是整个Edu-game内容体系的核心。而教育内容的具体载体是游戏空间中包括游戏角色、游戏对象和游戏场景等游戏元素。游戏者对游戏空间中具体对象的操作是通过游戏提供的交互界面进行的。因此，这里可以从教育内容、游戏空间和交互界面三者来理解Edu-game的内容体系，三者的关系如图5.1所示。本章就从教育内容、游戏空间和交互界面三个方面来理解Edu-game的内容体系。

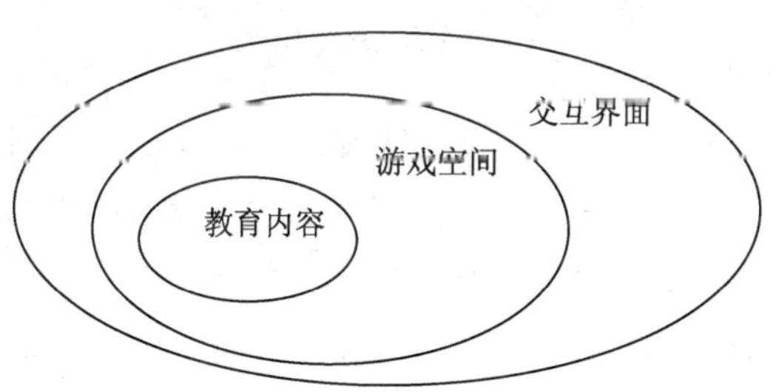

图5.1　教育游戏的内容体系

第一节　Edu-game的教育内容

后工业资本主义经济正在形成一种玩的文化，在这种文化中玩的伦理将代替工作的伦理。[101][102]计算机游戏对当今年轻人的影响不亚于音乐文化、政治运动以及宗教对年轻人文化的影响。[54]随着技术突破阶层、伦理和地理等障碍的限制而传播，现在年轻的一代到他们的后20年将花更多的娱乐时间来玩电脑游戏。[102]“一个游戏是被赞同还是被反对，关键在于网络游戏背后的内容以及隐藏在网络游戏背后的文化！”[103]作为一种大众型的流行娱乐文化，网络游戏文化“往往包含个人主义、消费者选择和其他具有重要政治效应的价值的潜意识形象和信息，网络游戏已经成为美国等国家宣传其文化价值、消费品牌的重要窗口，游戏玩家在不知不觉中接受了游戏背景国所进行的文化渗透和消费取向渗透，游戏玩家将成为背景国文化与产品的热衷者和消费者”[104]。目前，很多网络游戏都以暴力、色情、邪魔等特征来吸引人，我们的价值观在这些毒瘤的腐蚀下，必然会出现偏向，走向异化[105]。由此可见，关于游戏功能的理解不能再纯粹地从娱乐的角度展开，还要考虑游戏的文化传播功能，而这严重影响着青少年的价值观。为了突出文化的概念，这里在考虑Edu-game的教育内容时，选择和第三章不同的角度来描述，即一方面要考虑游戏承载的具体知识，另一方面要考虑隐藏在游戏背后特定民族、国家所特有的仪式、信仰和价值等形式——从文化的角度去思考。下面将从知识和文化两个角度来简述游戏的教育内容。

一、知识

（一）知识及其含义

知识(Knowledge)到底是什么，目前仍然有争议。我国对知识的定义一般是从哲学角度作出的，如在《中国大百科全书·教育》中“知识”条目是这样

[101] Stone S. The war of desire and technology at the close of the mechanical age[M]. Cambridge, MA: MIT Press, 1995.

[102] Schleiner A. M. Does Lara Croft wear fake polygons? Gender and gender-role subversion in computer adventure games[J]. Leonardo, 2001, 34(3): 221-226.

[103] 张伟. 网络游戏与中国文化[DB/OL]. http://column.chinabyte.com/103/2001103.shtml.

[104] 高英彤，刘艳姝. 论软力量与网络游戏——未成年人道德教育视角[J]. 外国教育研究，2007(6).

[105] 周理平. 网络游戏对大学生的影响与对策分析[J]. 湖南民族职业学院学报，2007，3(3).

表述的："所谓知识，就它反映的内容而言，是客观事物的属性与联系的反映，是客观世界在人脑中的主观映象。就它的反映活动形式而言，有时表现为主体对事物的感性知觉或表象，属于感性知识，有时表现为关于事物的概念或规律，属于理性知识。"从这一定义中我们可以看出，知识是主客体相互统一的产物。它来源于外部世界，所以知识是客观的；但是知识本身并不是客观现实，而是事物的特征与联系在人脑中的反映，是客观事物的一种主观表征，知识是在主客体相互作用的基础上，通过人脑的反映活动而产生的。从本质上说，知识是人对事物与联系的能动反映，是通过人与客观事物的相互作用而形成的。人在与外界相互作用的现实活动中，获得来自客体的各种信息，再用一定的方式对这些信息进行加工和组织，形成对事物的理解，从而形成知识。

（二）知识的分类

安德森从信息加工的角度，把知识分为陈述性知识（Declarative Knowledge）和程序性知识（Productive Knowledge）。陈述性知识是关于"是什么"的知识，是对事实、定义、规则和原理等的描述。程序性知识则是关于"怎么做"的知识，如怎样进行推理、决策或者解决某类问题等。陈述性知识容易被人意识到，而且人能够明确地用词汇或者其他符号将其系统表述出来。例如，中学生可以说出功的计算公式"W＝FS"。而程序性知识体现在实际活动中，个体到底有没有程序性知识不是通过他的回忆而是通过他的活动才能判断，同样信息进行加工变换，用公式来解决有关的问题，如果他知道了力的大小为5牛顿，物体在力的方向上通过的距离为10米，他就可以计算出功的值为50焦耳，这就意味着他具有了这方面的程序性知识。程序性知识是与一定的问题相联系的，在一定的问题情境面前，它会被激活，而后被执行，这一过程几乎是自动进行的，不需要太多的意识。

陈述性知识和程序性知识在实际学习和问题解决活动中是相互联系的。在实际活动中，陈述性知识常常可以为执行某个实际操作程序提供必要信息，例如，当壶里的水烧开了的时候，就把火关掉，而水是否已经烧开，这就需要陈述性知识来提供信息。反过来，程序性知识的掌握也会促进陈述性知识的深化。例如乘法交换律就是一个陈述性知识，学生学会之后利用它解题的步骤就涉及程序性知识。另外，陈述性知识还常常是创造的基础，专家对问题的灵活解决常常与他丰富的经验有关。在学习中，陈述性知识常常是程序性知识的基础。比如，儿童先背诵乘法口诀，然后学习乘法计算，而且在计算时还要边读口诀边计算。另外，掌握记笔记、阅读等程序性的知识对学习陈述性知识也具有很重要的意义。

这里所说的知识是一种广义的知识，它已不单单是对各种事物的了解，而且包含了运用知识解决问题的技能。陈述性知识和程序性知识不是对客观知识的划分，而是对人的头脑内的个体知识的分类。同样是学习一个知识点，学习者既可以形成关于它的陈述性知识，也可以形成关于它的程序性知识。例如，中学生学习摩擦力的知识，他们可以了解哪些因素在影响摩擦力的大小，如表面的光滑程度、接触面的大小等，这就成为学习者的陈述性知识。在此基础上，学习者还可以用这种知识来解决实际问题，例如，自行车为了省力，它的车轴应该怎样设计，即怎样减小摩擦力。学习者便可以从这些影响摩擦力的因素上来分析这个问题，这就是关于它的程序性知识。因此，一般不说某个知识点属于陈述性知识还是程序性知识，而是针对学习的结果而言的，是对个体头脑中的知识状态的分类，而不是对课本中的知识的划分。安德森等人(Anderson, Corbett,1995)认为，程序性知识是在陈述性知识的基础上进一步发展起来的，个体把陈述性知识与具体的任务目标联系起来，从而去解决某个问题，在解决问题的过程中，个体把陈述性知识转化成程序性知识，安德森等把这一过程称为知识编辑(Knowledge Compilation)。

学生学习常常从陈述性知识的获得开始，而后进一步加工消化，成为可以灵活、熟练应用的程序性知识。

（三）知识的表征

知识的表征(Knowledge Representation)指知识在头脑中的表示和组织结构。知识是通过个体与信息甚至整个情境相互作用而获得的，个体一旦获得知识，就会在头脑中用某种形式和方式来代表其意义，把它储存起来。例如，我们用“狗”这个词来代表那样一类擅长跑、嗅觉灵敏的动物，但有时说起狗，我们头脑中就会浮现出狗的形象。在这里我们用概念或表象来表征知识。不同类型的知识在头脑中以不同方式来表征，例如，陈述性知识以概念、命题、命题网络、表象或图式表征；而程序性知识主要以产生式表征，有时也可能以图式表征。

1. 概念

概念代表着事物的基本属性和基本特征，是一种简单的表征形式。比如“眼镜”就包含了这样一些特征：有两个圆镜片，有两条眼镜腿，用来矫正近视等等。特征本身又分为直觉特征(如颜色)、功能特征(如用于凿洞)、关系特征(如表弟是某人的姨的孩子)等。不同概念在头脑中是互相联系的,又具有一定层次关系,因此它们就构成了概念层次网络组织。

2. 命题和命题网络

命题(Proposition)是意义或观念的最小单元。它用于表述一个事实或描述一个状态,通常由一个关系和一个以上的论题组成,关系限制论题。命题之间的相互关系构成命题网络(Propositional Network),它指两个或多个命题因为有某个共同的成分而相互联系在一起,也称为语义网络。命题按层次网络结构储存,相互有联系的信息组成网络。

3. 表象

表象(Image)是在人们头脑中形成的与现实世界的情境相类似的心理图像。E. 加涅(加涅的女儿)认为,表象是对事物的物理特征做出连续保留的一种知识形式,是人们保存情景信息与形象的一种重要方式。

4. 图式

图式是指一个有组织、可重复的行为模式或心理结构,是一种认知结构的单元。瑞士心理学家皮亚杰通过实验研究,赋予图式概念新的含义,成为他的认知发展理论的核心概念。他把图式看作是包括动作结构和运算结构在内的从经验到概念的中介,在皮亚杰看来,图式是主体内部的一种动态的、可变的认知结构。个体之所以能对各种刺激作出这样那样的反应,是由于个体具有能够同化这些刺激的某种图式。这种图式在认识过程中发挥着不可替代的重要作用,即能过滤、筛选、整理外界刺激,使之成为有条理的整体性认识,从而建立新的图式。皮亚杰认为,图式虽然最初来自先天遗传,但一经和外界接触,在适应环境的过程中,图式就不断变化、丰富和发展起来,永远不会停留在一个水平上。他用图式、同化、顺应、平衡四个基本概念阐述个体认知结构的活动过程,形成具有特色的建构理论。按照皮亚杰的理论,儿童的心理结构或认知结构,正是在与环境的不断的适应过程中,在这种动态的平衡过程中形成和发展的。

二、文化

(一) 文化的内涵

文化是人类社会特有的现象,由人所创造,为人所特有。文化是一种非常复杂的现象,它包含着丰富的内涵,社会学家、人类学家、民族学家、考古学家、社会心理学家都对其作过多种解释。[106] 克罗伯和克拉克洪(Kroeber & Kluckhohn,1963)曾提出他们对文化的定义,即文化包括各种通过符号来习得和传播的、外显或内隐的行为模式;它们构成了人类群体的独特成就,其中包括体现在人工制品方面的成就。戈德伯格和维拉弗(Goldberger & Veroff,1995)把文化看作"一个源于文化特征(如一般仪式、信仰、价值、规范和法律)的共有意义系统;它为它的成员提供了一个观察和构建现实的普通透镜"。Williams(1961)认为文化这个术语是指"所有的生活方式"。在这里文化被扮演了一个为身份、生活方式、意识形态和政治作为导线管的角色[106]。

我国的《辞海》给文化下过这样一个定义:广义指人类社会历史实践过程中所创造的物质财富和精神财富的总和;狭义指社会的意识形态以及与此相适应的制度和组织机构。广义的文化既包括世界观、人生观、价值观等具有意识形态性质的部分,也包括自然科学和技术,语言和文字等非意识形态的部分。狭义的定义仅指精神文明,包括哲学、宗教、科学、技术、文学、艺术、教育、风俗等观念形态的东西。

根据对文化的不同理解,可将文化划分为三种类型。① 物质文化:从简单的衣食住行的生活用品,到现代的计算机、宇宙飞船等所表现出来的文化。通常,这些被称为文化财富。② 精神文化:是通过人们的精神活动和精神产品所表现出来的文化,包括符号、语言、学问、哲学、宗教、艺术等。③ 行为文化:是通过人们共同奠定的社会规范和行为所表现出的文化,如价值观、规范、社会习俗、法律、道德等。

(二)文化的特点

(1) 文化是共有的——具有群体性,它是一系列共有的概念、价值观和行为准则,它是使个人行为能力为集体所接受的共同标准,比如日常所说的酒文化、茶文化等等。文化可以按特定标准进行划分,如按照地域进行划分,则有东方文化和西方文化之分;按照民族进行划分,则有汉文化、藏文化或者是玛雅文化之分;按照宗教信仰进行划分,则有佛教文化、道教文化等之分;等等。

(2) 文化是学习得来的,而不是通过遗传获得的。生理的满足方式是由文化决定的,每种文化决定这些需求如何得到满足。

---

[106] 黄希庭.大学生心理健康教育[M].上海:华东师范大学出版社,2006.

（三）网络游戏是文化的一种新型载体

20 世纪后期出现的网络游戏，伴随着诸多的争议、批判的声音，乃至于对网络游戏的研究探讨在大众文化研究领域成了一种“另类阅读”[107]。然而，事实上，互联网的快速腾飞，使网络游戏在全球得以爆炸性发展。网络游戏的急速发展成为一个影响巨大的产业的同时，也构成了一种不容忽视的重要文化现象。目前网络游戏已成为人们娱乐休闲的一种主要的文化形式，并在塑造大众文化生活品质方面发挥着重要的作用。

网络游戏是一种文化载体，传播学者麦克卢汉在对游戏的分析中认为：“游戏是对日常压力的大众反应的延伸，因而成为一种文化准确可靠的模式。它们把整个人口的行动和反应熔为一炉，使之成为一个动态的形象。”在他看来，游戏是传播媒介。“任何游戏，正像任何信息媒介一样，是个人或群体的延伸。它对群体或个人的影响，是使群体或个人尚未如此延伸的部分实现重构。”[107]作为人的延伸的游戏，在对游戏者的重构之中，实现着游戏者的文化体验和文化认同。游戏者进入网络游戏世界后通过联结许多虚拟世界而创造一个新的“自我”，沉浸于电脑空间可以被看作是游戏行动者获得了一种新的主体性，“计算机屏幕已经成为把自己作为一个多维分布的主体来对待，把自己想象成一个多重角色的社会主体并进行一种全面实践，也能创造新的全能自我的有力工具”。游戏者在网络世界中的主体建构成为一种后现代身份的象征。网络游戏与传统游戏的文化体验最为关键的不同之处，在于网络游戏的游戏者常常在真实世界和虚拟世界之间不断地“切换”[107]。

（四）网络游戏文化与中国传统文化的融合

目前青少年所玩的一些主流游戏都出自欧美和日本，这些代表着西方文化的作品，与我们民族的主流价值观是相矛盾的，埋在我们血液与骨髓里的仁、义、礼、信、智、忠、孝等优良传统，统统被暴力、色情、邪魔所替代，所遮盖了。当杀人可以不负责任、放火可以不计后果和代价的时候，玩家的人生观、价值观、道德观必定会受到影响，会离我们的主流价值观越来越远。

网络游戏作为文化的一种载体，可以让网络游戏承担文化宣传和教育职责，如《文明 4》(Civilization IV)这款游戏被成功用于教会玩家关于资源、科技

---

[107] 刘泓．虚拟游戏的身份认同——网络游戏的文化体验之反思[J]．福建论坛（人文社会科学版），2003(3)．

和宗教等在特定历史时期的巨大影响和作用。游戏围绕着从公元前4000年到公元2000年的人类历史，玩家在游戏中扮演某种文明的领导者，决策部落或国家的技术创新、经济、文化和战争。一种文明可以通过外交、军事、科技或文化等手段获取胜利。

中国历史悠久的民族文化是网络游戏取之不竭的素材宝库，网络游戏设计如能和中国民族传统文化内容结合起来，使玩家在游戏中获得身心愉悦的同时也能够潜移默化地感受到历史文化的熏陶，与积淀在玩家内心深处的民族文化心理产生感应和共振，让玩家体会博大精深的中国传统文化，体验其他娱乐形式经历不到的满足感。这方面国内的一些游戏商已作出了成功的尝试，并取得了较好的社会和经济效益，如在2005至2006年度市场占有率排名前八位的国产网络游戏中，有一半以上的产品与中国传统文化紧密结合[108]。

其中网易公司开发的《大话西游2》，以25.28%的市场占有率成为消费者体验最多的国产网络游戏。《大话西游2》取材于中国古代四大名著之一的《西游记》，故事以中国唐朝年间主人公西行取经为背景展开。游戏推出后，以其浪漫的中国传统文化情节和简单的游戏操作受到玩家欢迎。网易公司随后还推出了《梦幻西游》等几款网络游戏，也受到网民追捧。

由金山公司开发的《剑侠情缘网络版Ⅰ/Ⅱ》是另一款具有中国古代传统文化特色和意境的网络游戏，游戏分别以北宋和南宋为背景，围绕“山河社稷图”展开故事，让玩家在网络虚拟世界中体验中华武侠文化的精神，创下了18.04%的市场占有率，在这次调查中名列第二。该公司开发的《封神榜》根据古典名著《封神演义》改编，浓郁的中国神幻文化色彩流露出较深厚的文化底蕴，情节上体现了现代人对于古代神话的全新理解和诠释，获得了5.59%的市场占有率，排名第五。

中国网络游戏产业的发展历程证明，没有民族特色的网络游戏产品，就无法打造真正的民族网络游戏产业。中国民族文化与网络游戏文化能否很好地结合，关系到网络游戏文化的生存和发展。中国是一个具有悠久历史文化的大国，五千年的文化底蕴为我们提供了丰富的想象空间，每个历史时

---

[108] http://ent.sina.com.cn/x/2006-03-27/14571028576.html，引自新华网，2006-03-27.

期都有许多的传奇人物与故事，再加上古今无数的文学巨匠留下的传世之作，都能够为中国网络游戏提供完美的剧情，国内网络游戏开发商可以充分利用这些素材，创造出具有丰富文化内涵的、宏伟的、如史诗般的网络游戏产品。

然而，目前与中国民族文化相结合的网络游戏产品成功的案例不多，问题出在何处？这里引用国内网络游戏大腕陈天桥的话："中国的文化并不是不能和网络游戏相结合，而是双方的结合点不对，对于传统文化的把握应该是内涵而不是形式。这种结合的难度在于，网络游戏不同于电影等预先设置好情节，然后引诱读者往自己设想的方面发展，网络游戏必须是由消费者按照自己的想法去娱乐实现，自由是网络游戏的灵魂，如果我们在设计文化表现时束缚了这种自由，那么网络游戏将丧失意义，寻求网络游戏和中国文化的最佳结合点是中国网络游戏产业共同面临的问题。"[109]

（五）实践：游戏公司对文化的两次植入解决方案总结

文化与游戏的融合问题，本研究在对游戏公司相关游戏设计开发和调查的基础上，结合游戏公司提供的相关文献进行了总结，将游戏的文化植入方案归结为前期构架和中期整合两个阶段。

1. 前期构架

在游戏开发的最初期是设定好游戏的世界观和故事背景。

世界观一般有 3 个类别：

- 取材于已有素材，真实地再现那段历史或某个事件、传说
- 把已有素材加以改编和创造
- 完全架空的世界

当确定了游戏类型（也就是确立了游戏世界观）后，接下来就是收集资料，准备创作游戏的故事背景。故事背景将影响到游戏的场景设计、道具、NPC（非玩家控制角色）、任务系统、社会系统、经济系统等方面。可以这样说，其他系统的设计都必须依附在这个故事背景之下，否则无法确立一个稳定的风格。

第一种类型的游戏设计要点如下：

（1）资料的翔实和严谨性。假如想开发一款还原真实历史的三国题材网游，而且具有大型的史诗般感受，那么就应该收集所有相关的资料和文献

---

[109] 戴冰．网络游戏的文化透视[J]．思想·理论·教育，2005(Z1)．

等，使游戏策划者能对那段历史了然于胸。资料的翔实保证了游戏策划在前期进行整体构架时能够从容不迫，尽量减少返工，也利于在与系统和规则发生冲突时及时作出修改。而资料的严谨性保证了不会出现错误，例如时间顺序混乱，人物造型出入太大等等，使得想还原“真实历史”的风格不至于产生大的偏差。

被影响的主要系统：任务系统、物品、怪物、场景、文字描述、对白、社会、战斗……

(2) 高度的敏感性和幻想能力。这主要是针对历史文献中那些语焉不详，或是夸张、脱离了现实的描写。很明显，这和第(1)点的“资料的严谨性”产生了矛盾。在处理类似问题的时候，其实正是考验游戏策划者功力的时候。例如三国时期关羽究竟杀没杀貂蝉？吕蒙真的是被关羽的鬼魂所杀死的吗？如果将这些疑点利用起来，将之设计成“情理之中，意料之外”的一个任务，或是一个关卡，会使得游戏的娱乐性和文学性都有所加强。但要注意的是，它只能放在支线剧情当中，不能作为史实主线，否则游戏风格会产生变化。

被影响的主要系统：任务、规则、场景……

(3) 逻辑性和编辑能力。有了翔实的资料，也幻想设计了一些合理的任务和关卡，接着就是甄选和编写游戏重点情节。编写的时候要注意每个重点情节都需要有时间、地点、人物和事件，并且时间和逻辑关系不能混乱，它们将是任务系统的大纲，同时也是场景设计的素材。

被影响的主要系统：任务、社会、场景……

(4) 编写编年史。把重点情节再一次进行整理，然后用尽量简洁明了的语言做一份游戏背景的编年史。编写的时候，最好把最小单位拆分到单个事件。这样，每个事件到中期设计的时候都可以至少设计成一个任务。而某个年代的多个事件，则可以设计成分支任务。

被影响的主要系统：任务。

(5) 画流程图。一般来说，任务系统里都设计了分支任务，所以一个清晰的编年史流程图会让事情变得简单许多。

第二种类型可以参考第一种类型。

第三种类型的游戏设计要点如下：

(1) 要能自圆其说。架空是文学创作中常用的题材，也是网游用得最多的题材。它的好处是“胡说八道”后还能自圆其说。而关键就在自圆其说上。无论你是让人去了未来还是回到现代，无论是宇宙爆炸了还是人类灭绝了，它必须都有个来源去向。

（2）现实相符性。在布置大局的时候，还要考虑到社会系统该是什么样子，游戏里的名词和计量单位是否与真实世界相同等细节。

（3）合理的情节和故事。游戏光有编年史是不够的，如何把编年史发挥成一个有情节、有内容的故事，可以从5个方面入手：文化/宗教、自然环境、职业/种族、敌对势力和局势。

2. 中期整合

这个阶段的文化植入，主要体现在“任务系统的设计和编排”、“所有名称和说明性文字的设计”两个方面。

任务系统的设计和编排由于各自故事背景的不同，所以很难有个定论。但仍然可以罗列出一些工作要点。

（1）主线剧情不要随意改动。由于任务多与杂，加上难以避免的重复性，所以在由不同策划撰写的任务中，会出现一些玩法新奇、构思奇特的任务。此时需要注意这些任务的故事背景不能与主线冲突，风格必须保持一致。

（2）分支任务的拓展。目前普遍的网游都是把分支任务作为主线任务的某一个补充，其方式包括隐秘任务、跑环任务等等。分支任务可以考虑做成一条线，使它与主线穿插、互相影响，达到丰富世界的目的。

（3）对白。无论其任务的内在规则和编排如何，展现给玩家的始终是对白部分。所以对白必须要符合世界背景，具有背景特色。如果有多人写任务，那么就需要剧情策划来进行修改，达到风格的统一。

（4）规则。这是一个非常重要、非常实际的问题。即传统规则和游戏规则如何有机地结合。如果死搬硬套的话，在技术实现上就会出现困难或是工期方面的延误，例如万智牌规则、塔罗牌规则等等。但如果不完全遵循它的既定规则，又有可能会使做出来的游戏显得不伦不类，使文化的感觉荡然无存。

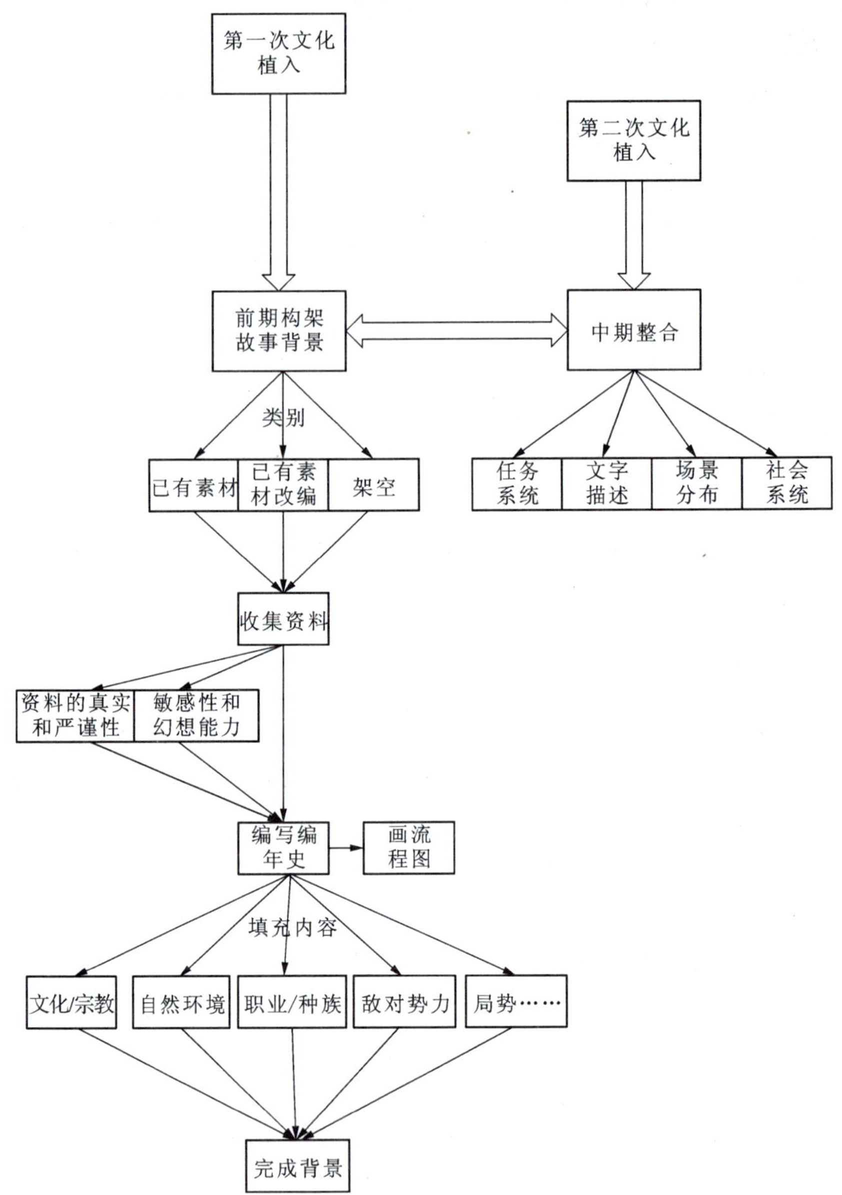

图 5.2　文化的两次植入解决方案

第二节　Edu-game 的游戏空间

游戏空间是想象内容的依附空间，用于解决玩家的空间置入感，使玩家产生一种身临其境的感觉，它包括游戏角色、游戏对象、游戏场景和游戏音乐等可感知的游戏元素及隐含在这些可感知元素里面支撑整个游戏活动的规则。Edu-game 的游戏空间所包含的基本元素种类和普通游戏没有什么区别，它的主要区别在于这些元素背后的内容及隐藏的文化。因此这里在介绍 Edu-game 游戏空间中的具体元素时，就参考一般游戏教材中的描述作简要阐述。

为增加玩家的置入感而建造的游戏空间类似于真实空间，这里采用面向对象的程序设计中关于实体、事件和生命的关系来描述，在游戏空间中引入虚拟实体、虚拟事件和虚拟生命的概念。

（1）虚拟实体。亚里士多德认为实体是独立存在的东西，是一切属性的承担者。在游戏空间中的实体称为虚拟实体，是在游戏空间中独立存在，并可被玩家感知的有形的东西。它包括可移动的虚拟实体和不可移动的虚拟实体，其中可移动的虚拟实体包括游戏角色（简称角色）、游戏道具（简称道具，如武器等）、可移动的场景对象（在现行的游戏教材都称为实体对象，如可开关门等。为了和现行的游戏教材一致，后面不特别说明，实体对象专指游戏空间中可移动的场景对象），不可移动的虚拟实体是指不可移动的游戏场景（在现行的游戏教材中称为游戏场景，后面不特别说明，游戏场景专指不可移动的游戏场景）。另外游戏的声音、音乐和音效等，一般都依附于具体的虚拟实体（如场景音乐、道具发出的声音等），因此将其归类到虚拟实体的属性，在虚拟实体中增加发声这个属性。由上述分析可知，虚拟实体主要涉及角色、道具、实体对象和游戏场景四个游戏元素。

（2）虚拟事件。事件是指生命过程中发生的一切活动和现象，这里将在游戏空间中发生的事件定义为虚拟事件，它是由游戏任务驱动，角色在游戏规则制约下的活动产生的。因此虚拟事件主要涉及游戏任务、游戏规则两个游戏元素。

（3）虚拟生命。生命是指生物从出生、成长到死亡所经历的时间跨度，这里将在游戏空间中的事件从出现、发展到结束所延续的时间长度称为虚拟生命。在游戏中一个事件或若干事件的出现、发展到结束构成一个游戏情节，一个或若干个情节构成一个游戏关卡，一个或若干个游戏关卡构成整个游戏进程。

综上所述，从软件工程学的角度分析，可以将游戏空间的关系用图 5.3 表示。

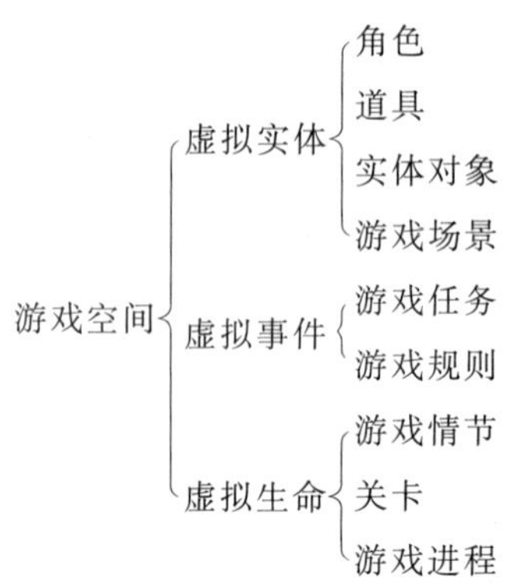

图 5.3　游戏空间关系图

在游戏中，游戏情节的发生是由游戏任务驱动的。在任务的驱动下，角色受到游戏规则的制约，在游戏场景中通过对道具、实体对象的使用或操作，或与场景中的其他游戏角色发生关系等一系列游戏行为的过程构成游戏情节，因此基于游戏情节的游戏元素包括：任务、角色、游戏规则、实体对象、道具和游戏场景，其关系如图 5.4 所示。其中角色、道具、实体对象和游戏场景在游戏中以具体的实体方式存在，可为人们所感知，因此也称为可感知游戏元素；而游戏任务、游戏规则在游戏中不以具体的实体方式存在，称为不可感知元素。这一节将从游戏空间中游戏元素层面简要介绍角色、道具、实体对象、场景、游戏任务和游戏规则。

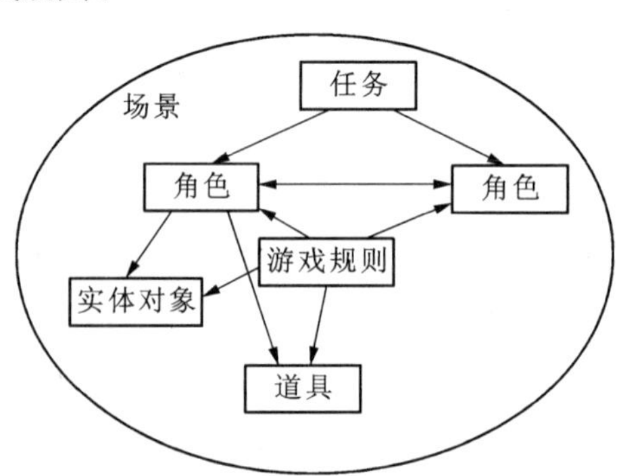

图 5.4　基于游戏情节的游戏元素关系图

一、角色

（一）角色的含义

角色是指在游戏中能够与玩家交互并具备全部或部分生命特征的虚拟生物形象。这里说的生命特征指的是一般生物所具有的一些基本属性，包括形象、行为、性格等。形象是指一个生物的样子，比如有眼睛、鼻子、嘴、四肢等等；行为包括行走、奔跑动作等等；性格特征包括语言、表情等内容。

角色可以根据游戏的需要具备全部或部分的生命特征。例如：在游戏的某些场景中，需要有大量的NPC进行活动，这些人不用说话，不用和玩家交流，只是在某个特定场景中走来走去，目的就是营造一个气氛。另外，在某些游戏中的怪兽，这类形象虽然不具备人的形象，但是具有行走、攻击等生命特征，也可以定义为角色[110][111][112]。

（二）角色的分类

玩游戏的时候会发现，有一部分角色是玩家可以进行控制的，这类角色可以根据玩家的指令进行某些对应的操作；而另一类角色是玩家无法控制的，在游戏中他们按照自己的行为规则进行活动。根据角色是否可以被玩家操控，可以把角色分为玩家控制角色和非玩家控制角色。玩家控制角色一般称为主角。而非玩家控制角色通常被称为NPC（Non-Player-Control Character）角色。还有一类特殊的角色，它们在情节中不起什么作用，主要是为了玩家升级而设计，通常叫这类角色为怪物。

在现行的游戏教材中，NPC角色根据其功能，或是模仿的生物功能，分为以下几类。

（1）非控制主要角色。这类NPC角色，在游戏情节中起着非常重要的作用，与主角接触得比较频繁。此类角色的生命特征比较全面，无论是行走、语言、背景等方面都要求设计得比较全面。

（2）非控制次要角色。这类角色是指角色可以在系统指定的几个点上按

---

⑩ 信息产业部软件与集成电路促进中心等.游戏架构设计与策划[M].北京：电子工业出版社，2007.

⑪ 胡昭民.游戏设计概论[M].北京：清华大学出版社，2008.

⑫ Andrew Rollings, Dave Morris.游戏架构与设计[M].付煜，等译.北京：北京希望电子出版社，2005.

路线不停地行动的角色，包括一些动物（小猫、小狗等）。

（3）非控制简单角色。这类角色是指为单一目的而设计的 NPC 角色。比如，当在场景 A 中，没有完成一些情节，或是没有得到一些道具，是不可以去场景 B 的。可是玩家如果已经到了场景 B 的入口点时，怎么办呢？这时，这个入口点就需要放置一个角色来告诉玩家，如“你没有拿到某某道具，是不可以进入这里的”[10][11][12]。

（三）NPC 角色的作用

（1）提供线索。NPC 角色在游戏中有一个非常重要的作用，就是为玩家提供游戏进展的相关线索。

（2）情节交互。玩家在购买武器、药品等道具时，需要与特定的游戏角色进行交互，这个功能也是由 NPC 角色实现的。

（3）烘托气氛。许多游戏场景都需要由 NPC 角色来烘托气氛，如在菜市场需要卖菜的人，这可使玩家产生置入感，其作用类似电影里的群众演员。

（4）提升等级。在 RPG 游戏中大量的 NPC 被作为主人公的敌人，与主人公进行战斗。它们通过为主人公提供经验、金钱和物品道具，让玩家体验到在游戏中成长的乐趣。

（四）角色设计

作为一个有生命特征的角色，在游戏设计过程中是相当复杂的，需要多个岗位进行协作，进行多层设计才可能完成。角色设计包括形象特征、属性特征、性格特征、角色背景等四个层面。

1. 形象特征

游戏角色的形象特征是指一个生物的外在形象和视觉特征。这一部分设计还包括面部特征、身材特征、服饰特征等内容。游戏角色的这一部分设计和创作一般是原画创作师根据文档的相关描述进行原始的形象设计，并在纸上绘制成角色形象。然后，3D 建模师根据这个人物形象，在三维软件中进行相关制作。

2. 属性特征

属性特征是指游戏角色所具备的一些基本的属性特征。这一部分设计包括攻击力、防守力、体力等内容。

3. 性格特征

所谓性格特征，也可以称为思想特征，可以包括语言、表情等内容。性格特征一般是在形象特征和属性特征之上的。

角色性格特征可以是设计师设计好的，也可以是玩家通过自己的行为塑造的，通常有两类方法。

(1) 根据玩家的操作确定其性格特征。这种方式是给游戏角色设计了一些相关的性格参数，并制定相应的规则，随着游戏的进程和玩家的操作，其性格参数不断变化，最后形成对游戏角色的性格塑造。

(2) 预先设置好角色性格让玩家挑选。在游戏开始的时候，有若干个游戏角色等待玩家的挑选，这些被挑选的角色拥有固定的性格，玩家一旦挑选了某个人物，其性格就不能再改变了。也就是说，这种方法只有在玩家选择角色的时候，有一个简单的交互。

4. 角色背景

有角色背景的游戏角色一般都是主要角色或是与主要角色联系非常密切的角色。其主要设计目的是增加玩家的置入感，使玩家对自己扮演的角色有一个比较强烈的认同感。角色背景的设计包括：设计完整背景、给玩家充分想象的空间[10][11][12]。

二、道具

道具是指游戏中能够与玩家互动，对游戏角色的属性有一定影响的物品。判断一个物品是不是道具，有两个重要的标准：一是能不能与玩家交互；另外一个就是这个物品的使用对角色的属性是否有影响。所谓与玩家交互，是指玩家可以根据角色的行为进行某类行为。道具在角色没有使用的时候，是不会自己进行变化的。道具的使用，必然对角色（包括主角和NPC角色）的某些属性状态起到作用。

1. 道具的分类

(1) 使用类。使用类道具的特点是使用后会消失的物品，可分为食用型和投掷型两种。食用型是指在游戏过程中可以食用，以增加某种指数的物品。投掷类道具是指战场上使用的可投掷的物品，如飞镖，打到敌人后可以使敌人损失HP(体力)值。

(2) 装备类。装备类道具是指可以装备在身上的东西。如果设计的角色有不同的系（种族或职业），那么各系之间的装备类道具也应该不大相同。设计这类道具，要详细说明道具的等级、重量或是大小、数值、特效、价格，其他的还有材质、耐久值、弹药数、准确率等等。

(3) 情节类。这类道具在游戏的发展中是最不可缺少的,诸如钥匙之类在情节发展过程中是必不可少的道具。这类道具存在的目的,就是为了判断玩家的游戏进程是否达到设计者要求的程度,诸如钥匙、腰牌、徽章、某某的信等等,在游戏中都是重要的判断因素。有了它,游戏者才可以进行下一步的流程。

2. 道具的获得方式

玩家在游戏中一般可以通过以下几种手段得到道具。

(1) 情节获得。在游戏中与 NPC 角色说话,当你完成某情节后,会给你道具,这一类道具主要是情节类道具。

(2) 金钱购买。用金钱购买道具是指用玩家手中的金钱,到武器铺、防具铺、道具铺购买道具,这一类道具多为装备类和使用类的道具。

(3) 战斗获得。是指在一场战斗结束后所获得的战利品。分为随机和固定两种:随机获得的道具一般是装备类和使用类道具,固定获得的多为情节类道具。

(4) 解开谜题。是指玩家通过探索找到谜底从而得到的道具,这一类道具通常是情节类道具。

(5) 打造合成。是指玩家在游戏空间中寻找合适的材料制作自己喜欢的道具并在后面的游戏中发挥功效。这种类型的道具经常出现在 RPG 游戏中,比如用矿石或是其他材料,去冶炼屋冶炼自己喜欢的道具[110][111][112]。

三、实体对象

所谓实体对象,就是在游戏场景中,可以与玩家进行互动,却对角色属性没有影响的虚拟物体。在游戏中,玩家会遇到很多实体对象,比如,可开关的门、正在燃烧的树、修理的桥、爆炸中的建筑等等。

实体对象与道具的最大区别在于是否对玩家的属性有影响。任何一个道具的使用都会对角色自己或其他角色产生影响,而实体对象却不一样,角色在游戏中与实体对象交互时对自己或其他角色的属性不会产生任何影响。

实体对象在情节中最大的作用是设置谜题,通常与情节类道具一起使用。比如,设置一道门,如果想过去就必须找到钥匙才能把门打开。这里的门就是实体对象，而钥匙属于道具[110][111][112]。

四、场景

游戏场景是指游戏中的主控角色可以达到场地中与角色有关的所有景物，即除了前面所述的角色、道具和实体对象之外的一切物体的造型设计。游戏场景的设计包括角色所处的生活场所、社会环境、自然环境以及历史环境，甚至包括作为社会背景出现的群众角色等。

1. 场景的作用

(1) 交代时空关系。场景的重要作用之一就是对角色所处的地理位置有一个明确的标示。让玩家对自己控制的角色有一个非常清楚的认识，并通过场景对游戏提供的虚拟空间有一个完整的印象。

(2) 营造情绪气氛。无论是角色、道具，还是实体对象，游戏元素在游戏的显示界面中所占的显示面积都相对较小，在整个屏幕显示中场景的色调、风格，基本上决定了这款游戏的显示风格。因此，在游戏设计中，场景的另一个重要作用是营造情绪与气氛。

2. 场景的设计

场景设计主要涉及游戏氛围的选择、物质空间的设计、社会空间的设计、角色的行走区域设计和场景的出入口设计。

(1) 游戏氛围。是指弥漫于游戏产品的气氛，与游戏中的角色、实体对象、场景结合构成特定的游戏意境和情境。游戏氛围是决定游戏表现手法的主要因素，如采用浪漫色彩的游戏氛围，一般采用温馨的画面，其中会增加很多情感因素；采用写实的氛围，场景设计则力求真实；采用卡通Q版的氛围，场景设计则可采用可爱、夸张的手法；采用恐怖的氛围，场景设计可采用沉重的色调，营造阴森、恐怖的气氛。

(2) 物质空间。是指角色生存和活动的空间，是由游戏制作人员创作的虚拟景物构成的可视化环境。物质空间的设计包括建筑、山水、花草、天空等。

(3) 社会空间。是物质空间中很多局部造型因素构成情调、气氛的结果，它由玩家在物质空间中的联想，构造出另一个完整的空间环境形象。社会空间的表现效果与玩家的文化背景有直接联系。比如，在场景中设计一个“清真寺”，在西方人眼中仅是一个建筑而已，而对伊斯兰教的国家或地区的人而言则会产生强烈的认同感。

(4) 行走区域。是指主角在游戏场景中走动所能达到的范围。由于主角需要在游戏空间中行走,游戏设计者需要考虑这些角色行走可能到达的范围,这在设计多人游戏的时候尤其要仔细考虑。

(5) 场景的出入口。游戏场景出入口的设计应该致力于给玩家提供一个连续的感觉,让玩家体会到自己的角色处在什么位置,如何能合理地到达其他的地方。从内部到外部的转移是一种很重要的功能表达模式,很多流行的游戏都使用那些能够在内部环境和外部环境中平滑过渡的环境特征。如果从一个空间迅速过渡到另一个空间的毫不相关的场所,通常会破坏玩家的空间方面的连续感[110][111][112]。

五、游戏任务

目前关于游戏任务的定义比较模糊,它更多的是由一个能独立划分的任务情节来确定。一个游戏任务可以是多个任务目标的集合,它包含任务情节、任务目标、任务路线以及任务奖励。

任务情节即游戏任务的背景故事,一个好的背景故事能将玩家引向游戏设计者的目标,能让玩家们回味很久,也能给整个游戏添加一些意义和内涵。

任务目标即游戏任务完成的条件,它是任务的主要组成部分。

任务路线是指主角完成任务目标在场景中所需经历的路径。任务路线可以理解为主角在游戏场景中一点一点地记叙整个任务的故事情节,而故事主角的扮演者就是玩家,故事的引导者就是设计者。任务路线可以有很多条,也可以只有一条。只有一条任务路线的任务称之为单线任务,多条任务路线则称之为多线任务。

任务奖励是玩家完成任务后获得的物质和精神方面的奖赏,是玩家努力完成任务的主要动机。

1. 游戏任务的分类

根据游戏任务完成方式来划分,游戏任务最常用的形式包括:对话、战斗、收集物品、捕捉、送物品、职业任务等。

(1) 对话。指与指定 NPC 对话来完成游戏任务。对话是大多数 MMORPG 游戏最常用的任务过程形式,经常与其他类型任务结合运用,同时也是新手教学任务的主要形式。

(2) 战斗。指通过战斗打败或杀死一定数量的怪物,只要验证所杀的特定怪物数量满足任务要求就表示完成游戏任务。

(3) 收集物品。指主角在游戏场景中收集特定数量和品种的游戏物品满足任务的要求就意味任务完成。

(4) 捕捉。需要主角利用特定的技能或道具去捕捉特定数量或品种的怪物来完成游戏任务。在现行的很多游戏中设置捕捉任务,采用趣味小游戏形式来实现与场景的互动。

(5) 送物品。指通过任务要求主角将特定物品交给特定NPC或者将特定物品安放在某个地点,这类物品一般是在完成收集形式的任务之后进行的后续任务。

(6) 职业任务。玩家选择特定的职业后,需要在游戏中熟悉自身职业的属性、特长,锻炼必需的操作技巧从而提高自己的职业技能。

2. 游戏任务的作用

(1) 通过新手教学任务帮助玩家熟悉游戏环境和操作。对于玩家而言,刚刚进入游戏遇到的是一个陌生的世界。如何让玩家在很短的时间内,了解熟悉这个世界,就要靠游戏任务设计了。新手教学任务是玩家认识游戏的第一步,是游戏基本操作的描述和指导。

(2) 通过剧情任务来表现剧情并增强角色体验。游戏剧情在设计的时候分为世界观设定、主线剧情和支线剧情。世界观指游戏世界的体系或者故事发生的历史背景;主线剧情和支线剧情用于烘托世界氛围、营造世界环境,并塑造主角的成长历程。在此过程中模拟真实的事件流程以及所参与的人物,通过剧情任务的形式给予玩家角色扮演的真实体验。

(3) 通过阶段任务帮助玩家提高能力或地位。完善的任务系统,不论其主线还是重要支线任务,在玩家完成任务后都会给予玩家一定的金钱、经验或装备的奖励,这些游戏任务奖励,往往起着增加玩家能力和玩家游戏动力的作用。

(4) 通过多样化任务丰富游戏内容、增加游戏乐趣。MMORPG游戏中的很多小任务就是起这样的作用,它们提供了一些除了主线以外的乐趣供玩家选择。虽然可做可不做,即使没有去做这个任务一样能通过其他方式得到这个任务的奖励,但玩家还是愿意去做一做。好的任务系统设计能丰富游戏的内容,让游戏更加有趣。一些任务虽然与游戏主线剧情无关,但却能通过一个个独立的剧情,让整个虚拟世界变得更加真实[10][11][12]。

六、游戏规则

游戏规则又称游戏机制，即规定游戏如何运行的法则，是游戏的操控部分，游戏的一切进展和变化都与游戏规则有关。在游戏进行的过程中，参与游戏的人员都必须共同遵守的行为规则。同样的角色、场景、道具，同样的故事情节，同样的操作平台，只要改变游戏规则，就会改变游戏的性质。

1. 游戏规则的构成要素

类似于体育比赛的规则，游戏规则由相关事件、事件主体、对应规则三要素构成[110][111][112]。

(1) 相关事件。规则的制定是和特定的事件相关联的，换句话说，为了规范某类行为或是做事的准则，需要制定特定的规则加以约束。比如，许多大学规定缺课 3 次以上不得参加期末考试，这个规则是针对大学生缺课行为而制定的，而不是针对具体某个人。在游戏中也是如此，玩家按要求完成相应的任务后，其属性就会获得相应的变化。从中可以得出，规则与事件是互相关联的，能够触发某类规则的事件，叫作规则的相关事件，简称相关事件。

构成相关事件的因素有两个：事件的完整性、与某个规则的关联性。事件的完整性指的是事件发生之后，一定要有与其对应的结果。比如在羽毛球比赛中，你击中了羽毛球，出现的结果可能有：落在对方场地、落在自己场地、落在场地之外、被对方击回来。只有你击中羽毛球这个过程而没有球落在对方场地这个结果是不能使用给你加一分这个规则的。因此如果一个事件只知道过程而不知道结果就不是完整的事件，就不是规则中的相关事件。与规则的关联性是指事件的结果与一个规则对应。如果一个事件没有任何一个规则与之对应，这个事件也不是相关事件。比如在回家的路上踢飞了一个石子，踢过之后没有任何反映，这个事件就不是相关事件。

(2) 事件主体。一个事件的产生，必定会有使这个事件产生的人或其他物质，没有这个人或物质，任何事件都是无法产生的。在游戏规则或规则的制定中，事件主体是不可缺少的重要因素。这个引发相关事件的人或其他物质，叫事件主体。

(3) 对应规则。对应规则是指由事件主体引发相关事件后引起的特定行为，如在游戏中玩家的属性发生改变。游戏规则的制定通常是指对应规则的制定。从对应规则与事件主体的关系看有直接关系和间接关系两种。

直接关系是指在相关事件出现之后，直接在事件主体上产生作用。如在“羽毛球比赛”当中，当“球”落到“对方场地”的时候，“你”就直接“获得 1 分”，这种情况就是直接关系。

间接关系是指先作用于其他物体，通过其他物体的反应，再作用于事件主体的对应措施。如游戏中玩家进行“打怪”，首先怪物要损失血格，当“血”用尽之后，“怪物”死亡，玩家才能获得加分。

2. 游戏规则体系

游戏规则体系包括：角色行为操作规则、角色的成长规则、道具相关规则等。

(1) 角色行为规则。角色行为规则也可以称作玩家操作规则，其主要内容是描述在游戏中关于玩家有什么操作，游戏角色按照玩家的操作进行某类动作时都按照怎样的规则进行。比如，行走、跳越、攻击、防御……这一部分游戏规则也可以称为角色技能或者职业技能。

(2) 角色的成长规则。不同的游戏类型对于玩家扮演的角色技能要求是不一样的，有些游戏类型对技能的要求是与现实生活相一致的，比如动作类游戏要求玩家的操作动作迅速、灵活、熟练；经营策略类游戏则更多地要求玩家运用自己的智力；实时战略类游戏一方面要求操作熟练，另一方面要求智力和技巧。这样的游戏通常具备比较好的耐玩性，因为玩家需要不断地训练自己。而另外一些游戏需要玩家训练的是一种虚拟技能。虚拟技能与真实技能是不一样的，不是每个玩家都可以具备真实的技能，但他们却都可以具备虚拟技能。

(3) 道具相关规则。游戏中的道具设计也有其相关规则，具体可以分为以下几种。

一是物品掉落规则。物品掉落分为随机掉落和记数掉落。所谓随机掉落就是在玩家杀死怪物或完成某项任务时，根据具体概率出现的物品。所谓记数掉落是指游戏中某个特定的对象出现固定的次数后，就会出现某类固定的物品。

二是物品装备规则。设计者为了使游戏系统平衡而对游戏物品采取一定的限制措施。道具装备限制可以分为人物属性的限制、人物等级的限制、人物职业的限制。

三是金融系统规则。在游戏中货币和物品的平衡也非常重要，当然经营性的游戏中也许货币和物品的平衡就是游戏的直接目标。对于一般的游戏来讲,使用货币的主要目的是购买物品,而物品的主要作用是帮助用户升级,因此,货币的最终影响还是针对玩家的升级而言的。

第三节　Edu-game 的交互界面

交互界面是玩家与游戏空间进行交互沟通的桥梁,玩家的任何行为需要通过交互界面的操作才能作用于游戏空间中的相关对象。通过交互界面,玩家才能进入游戏,获得游戏的娱乐体验,实现对游戏角色的操控。而交互界面则实现与用户的交互,即接受用户命令的同时告知用户的身份和状态,实现信息的传递。著名的游戏开发者沃尔克(Bill Volk)曾经提出"界面+产品要素=游戏",可见游戏界面设计的重要性。好的交互界面会给玩家产生代入感,从而使玩家和游戏中的角色产生密切联系,使玩家感觉游戏中的角色就是生活中的自己。代入感的真实与否,主要取决于代入形象和交互方式的设计。一个好的交互设计,是丝毫不会让玩家感到不方便的。关于 Edu-game 的交互界面的设计,这里参考一般游戏的交互界面设计的方法和原则[110][111][112]。

一、交互界面设计的理论依据

为了增强玩家的游戏代入感,目前游戏界面设计普遍强调人性化界面设计,它的理论依据是当代认知心理学。这是 20 世纪 50 年代在西方兴起的一种心理学思潮,在 70 年代逐渐形成学科并成为西方心理学的一个主要研究方向。认知心理学认为:人的认知过程被看成是信息通道的输入、编码、译码、存储、提取、输出等处理信息的过程。

1975 年图灵奖获得者,人工智能符号主义学派的创始人西蒙(Herbert Alexander Simon)和纽厄尔(Allen Newell)提出把人类所具有的概念、观念、表征等脑的内部过程看作是物理符号过程,这就是当代认知心理学中极为重要的物理符号系统假设。根据这一假设,人的感官接受外界刺激后,加工器将刺激信息制作成符号,并通过解说器与记忆中已储存的符号进行类比、假设、推理、判断、联想、概括等一系列活动,从而达到对外界袭击的正确认识,然后才作出反应。在人机交互中,表现为感知、生效、反馈的过程,即符号的赋予、情感的激发和交流的实现。所以，研究人机之间的信息交流要建立在研究人的认知心理过程基础之上才有意义。

人性化的界面设计与人的真实生活关系密切。通过大量实验，人们认为：个人与计算机和新媒体之间的相互作用实质上是社会的，自然的。就如同在现实生活中一样，所有规则都来自于人际交往的世界，来自于有关人们怎样和现实世界相互作用的研究，而这些也同样适用于媒体。人性化是积极的人际关系；它使这种沟通处于友好、舒适、自然和一致的状态[110][111][112]。

二、界面设计原则

目前的人机界面设计方法，基本都是在 20 世纪 90 年代中后期发展起来的，现在已经相当成熟。一些普遍性的设计原则有：

(1) 新颖且统一。在设计一个游戏特别是设计界面时，应该尽量避免采用菜单等常规的 Windows 界面，让玩家忘记他们正在使用计算机。尽量使你的游戏开始得又快又容易，长时间的等待会使玩家意识到这只是个游戏而已。尽量保持界面和游戏空间风格一致，从色彩到质感，让玩家觉得很自然，即使要通过对比使得某一方更突出的话，也应该保持内在风格的一致。

(2) 直观且简洁。交互界面修饰得过于繁琐的话，会干扰玩家的注意力，使它们不能集中精力于游戏空间。交互界面应该力求简单朴素，占用的屏幕空间应该越少越好。一个出色的设计，是高度概括浓缩的，已经简化到不可能再简化。任何设计都是对许多矛盾折衷的产物，游戏的海量数据信息与屏幕空间这对矛盾是游戏设计界面设计者需要挑战的一个难题。

(3) 平衡且一致。人机界面应该布局平衡，所有文字和图标应该摆放得恰到好处，形成平衡感。同时重要内容要优先显示，且层次要清楚。常用操作(重要操作)要符合玩家的一般计算机操作习惯。一致性的观点并不一定要求在整个游戏中都使用同样的屏幕布局，但建议在布局中使用的逻辑可以让玩家预感到可以在哪里找到信息，以及在游戏的不同部分中如何执行命令。

另外，要考虑不同的游戏种类对界面的不同要求，如：回合制的游戏全屏界面对游戏影响不是很大；而即时制的游戏应尽量不出现全屏界面，尽量采用透明方式，减少信息对屏幕的影响等。人机界面设计的最高水平是达到无形化，即是说人机界面非常自然、非常好用，玩家用起来得心应手，全身心地投入到游戏空间中，似乎感受不到它的存在[110][111][112]。

三、界面设计文档

游戏界面的各种面板、对话框都需要设计，一般由策划部门使用 XML 语言进行编辑，与 HTML 网页设计十分类似。下面是 map. xml 中设计的地图查看窗口（如图 5. 5）。

图 5. 5　地图查看窗口

```
<?xml version="1.0" encoding="gb2312" standalone="yes" ?>
<window style="map" version="1" windowz="6">
    <rect value="-300,-300,601,600" align="2,2,0,0" />
    <dotmap id="map. dotmap. map">
        <rect value="69,45,513,513" />
    </dotmap>
        <label id="map. label. coordinate" caption="当前坐标 x：  y：  ">
            <rect value="450,50,128,16" />
            <font color="255,255,255,255" shadow="1" />
        </label>
        <label id="map. label. name" caption="地图名称">
            <rect value="40,12,120,16" />
            <font color="255,255,255,255" shadow="1" />
```

```
        </label>
        <label id="map. label. mouserect0" >
        <rect value="400,15,0,0" align="0,0,0,0" />
    </label>
    <label id="map. label. mouse0">
        <rect value="400,15,0,0" align="0,0,0,0" />
    </label>
    <window id="map. window" style="map2" version="1" enable="0">
        <rect value="68,49,512,512" />
    </window>
</window>
```

本章小结

本章在第一章关于教育游戏概念定义的基础上架构了 Edu-game 的内容体系，由内到外从教育内容、游戏空间到交互界面分别作简要阐述。特别是针对目前关于游戏元素的分类比较混乱且没有统一依据的做法，创新性地引进了软件工程学中关于实体、事件和生命的概念，从实体、事件和生命的角度将游戏空间进行分解和归类。通过分解和归类得到游戏空间的具体元素，包括角色、道具、实体对象、场景、游戏任务和游戏规则，并从游戏元素的角度对游戏空间进行简要阐述。

第六章　青少年发展体验的 Edu-game 设计与架构

只有当人充分是人的时候，他才游戏；也只有当人游戏的时候，他才是一个完整的人。

——席勒

在第四章探讨了游戏与青少年发展的关系、第五章明确了游戏元素后，这一章需要反思作为青少年发展的具体教育内容如何在第三章所探讨的相关理论的基础上和游戏结合，即如何让游戏来承载具体的教育内容。从宏观层面来讲，游戏的进展要符合基于青少年体验的教育内容的学习规律；从中观层面来讲，游戏情节要符合青少年的游戏需要；从微观层面来讲，要探讨青少年发展的具体内容单元与游戏元素的结合。因此本章在前述几章的基础上从宏观、中观、微观三个层面来全面规划 Edu-game，具体包括：

- 宏观层面，从与青少年发展的相关内容的教学设计过程整体架构 Edu-game——游戏进程设计、游戏关卡设计、游戏情节组织
- 中观层面，从青少年游戏需要的角度设计游戏情节——游戏情节单元设计
- 微观层面，探讨青少年发展的教育内容单元与游戏元素的结合——游戏元素设计

第一节　Edu-game 架构

体验的生成遵循着“感受产生情感—情感促进理解与联想—在理解与联

想中产生领悟并生成意义一领悟和意义深化情感反应”[113](陈旭远,2004),游戏环境支持的虚拟体验的四个阶段——具体体验、反思观察、抽象概括和行动应用(第三章)。参考体验学习理论关于教育、工作和个体发展的体验学习过程模型[40],结合虚拟体验的四个阶段,剔除生活中其他因素的影响,那么作为知识和技能课外拓展的 Edu-game 对于青少年在其中的体验过程与其发展影响的关系如图 6.1 所示。

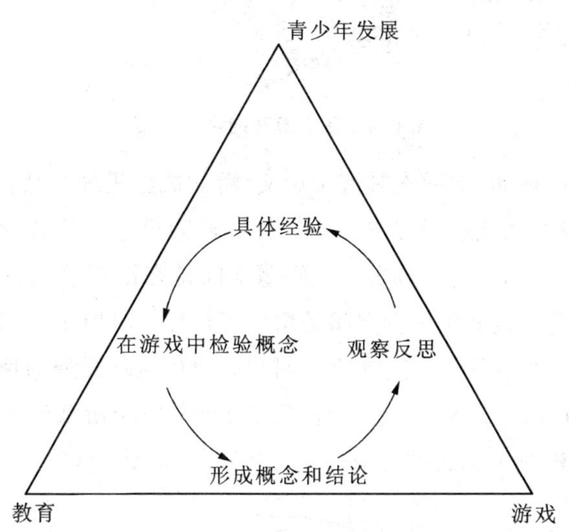

图 6.1　联系教育—游戏—青少年发展的体验学习过程模型

对于青少年在游戏中获得知识和技能的过程,盖里斯等人在研究游戏与学习动机时,考察了游戏特性以及游戏发生的基本过程,提出了基于游戏的学习模型(如图 6.2)[114](Garris,R., Ahlers,R., and Driskell,J. E.,2002)。教育游戏的主要特征在于教学内容和游戏特征两者间的边界模糊。游戏有激励作用,使学习者在游戏环境中重复游戏。在重复的同时,学习者获得了来自玩游戏的互动和反馈所引发的情感或认知反应行为,过程如下:结合了游戏特性的教学内容不断输入,游戏者的判断、行为以及系统的反馈构成了一个“游戏循环圈”,并

[113] 陈旭远.促进学生体验的教学策略[J].中国教育学刊,2004(4).

[114] Garris,R., Ahlers,R., and Driskell,. J. E. Games, motivation and learning, Simulation & gaming[J]. An Interdisciplinary Journal of Theory, Practice and Research. Vol33, No. 4 Dec. 2002.

最终以任务报告(Debriefing)形式作为游戏循环的输出——学习结果。

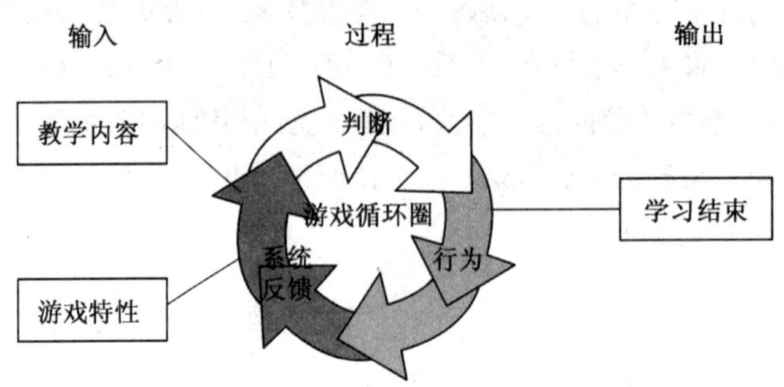

图 6.2　基于游戏的学习模型

关于游戏循环圈,邓鹏在其博士论文《游戏成瘾机理及其在娱教设计中的应用》中从游戏的功能空间提出游戏过程循环圈模型。他认为游戏的功能空间包括问题、执行和评价三部分:① 问题空间是在游戏规则的框架内对任务的情境化布置与呈现;② 执行空间是角色执行任务时所依仗的具有特定操作方式和资源的情境化平台;③ 评价空间则为角色执行任务的情况提供一种动态的、过程性和(或)总结性评价。他还认为正是由于游戏这三大功能空间的基本互动形式构成了无数的游戏过程循环圈[115](如图 6.3)。

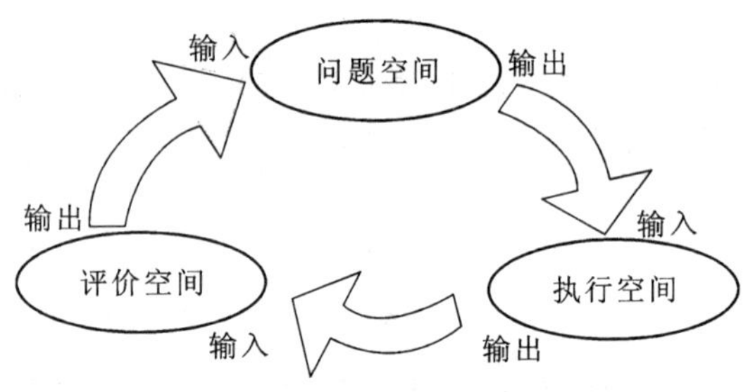

图 6.3　游戏功能空间互动形式

从上述模型中可以看出,Edu-game 的设计,实质上是对游戏问题、执行和评价三个空间功能模型的设计。而这就由对 Edu-game 的设计转到了有关游戏环境下的学习过程的设计问题上了。因此从青少年发展的角度看,Edu-game 的设

[115] 邓鹏.游戏成瘾机理及其在娱教设计中的应用[D].华东师范大学博士论文,2007.

计实质上是在尊重言语信息、智慧技能、动作技能和态度获得过程的内在规律的基础上对游戏进行整体规划：包括规划游戏进程、关卡和组织游戏情节等。而这可以参考教学设计中得到大家认同的马杰(Mager, R. R.)的三要素观。马杰认为，教学设计无非是要回答三个类型的问题：① 我们要到哪里去？② 我们怎样到那里去？③ 我们是否到了那里？对这三个问题的回答其实就是对教学活动的目标系统(回答我们要到哪里去)、过程系统(回答我们怎样到那里去)与评价系统(回答我们是否到了那里)的设计[116]。参照马杰的三要素观，可以从目标系统、过程系统和评价系统三方面来对游戏框架进行整体架构。

(1) 目标系统。旨在解决通过游戏体验究竟想达到什么目标，游戏设计时在游戏进程设计中进行分阶段描述。

(2) 过程系统。旨在解决游戏中采用什么样的具体内容和过程来达成游戏目标，这部分内容主要涉及游戏关卡设计及游戏情节的组织。

(3) 评价系统。旨在解决如何保障游戏目标的有效达成。游戏的评价功能是对现实世界中的评价的一种模仿，大多数情况是一种外显的绩效评价，但游戏又对其形式和内容有所延伸和扩展，增加了内隐技能评价[115]。

表 6.1　教学设计与 Edu-game 游戏设计对比

教学设计	游戏设计
目标系统设计	进程设计
过程系统设计	关卡设计、情节设计
评价系统设计	评价设计

本节将在教学设计有关目标系统和过程系统设计的基础上，讨论游戏进程、游戏关卡的设计和游戏情节组织。为了说清三者的空间关系，这里将其和书的结构作一个简单的类比(见表 6.2)。

表 6.2　Edu-game 结构与书的结构类比

书	Edu-game
功能篇	进程
章	关卡
节	情节

---

[116] 盛群力等. 教学设计[M]. 北京：高等教育出版社，2005.

一、Edu-game 游戏进程

1. 游戏进程

游戏进程就是以游戏的表现方式对游戏主线进行整体规划，把游戏目标、游戏故事、游戏机制等游戏内容串连起来描述和展示的总体序列，游戏进程策划是对一款游戏总的构思与创意。一款游戏是由若干个进程构成的一个序列，如图 6.4 所示。游戏进程策划主要包括明确游戏的目标、构思故事流程等内容。

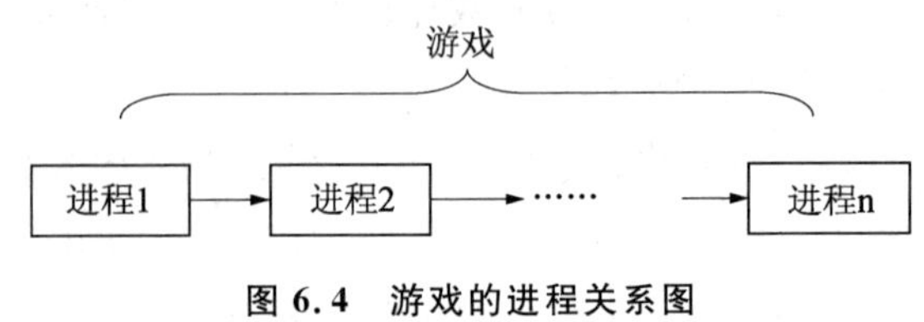

图 6.4　游戏的进程关系图

2. Edu-game 游戏目标

学习是一种主动的、受目标所导向的过程[32]。洛林·安德森（Lorin Anderson）与戴维·克拉斯沃尔（David Krathwohl）将教育目标界定为："需要相当的时间及指导而实现的复杂的、互相影响的学习结果。"[117]加涅的教学设计始于目标分析，这种目标分析通常包括对目标所作的程序性任务分析以及学习层级的分析，并确定在教学目标中所含的学习结果类型。从 Edu-game 的角度看，游戏是以青少年言语信息、智慧技能、动作技能和态度的学习为主要目的的，因此相应的目标应围绕具体的游戏主题，从青少年发展的角度对可检测的预期效果进行陈述。Edu-game 游戏目标可根据实际情况从不同的层次来撰写，参考教学的目标层次[118]，可将 Edu-game 游戏目标从游戏目标和进程目标两个层次来进行描述，见表 6.3。并将 Edu-game 游戏目标的层次用图 6.5来表示。

---

[117] 洛林·安德森、戴维·克拉斯沃尔. 学习与评价分类学：布卢姆教育目标分类学（修订本）[M]. New York：Longman，2001.

[118] 玛丽·艾丽斯·冈特，托马斯·H·埃斯蒂斯，简·斯瓦布. 教学模式（第四版）[M]. 尹艳秋，等译. 南京：江苏教育出版社，2006.

表 6.3　基于教学目标层次与 Edu-game 游戏目标层次类比

教学目标层次	Edu-game 游戏目标层次
目标/全面目标 （一年或数年） ↓ 一般目标 认知、情感、心理发展的结果 与单元学习的相关性（几周或数月）	整个 Edu-game 游戏目标 （整个游戏） ↓ 进程目标 青少年发展的结果 与进程的相关性（数天或数月）

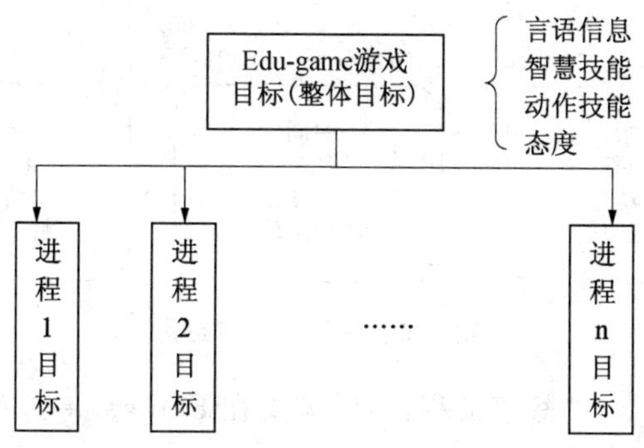

图 6.5　Edu-game 游戏目标的层次描述

3. Edu-game 故事流程

这一部分是 MMORPG 游戏设计中最主要的内容，需要说明整个任务和剧情的进行方式，可以用文本描述方式或流程图的方式进行编写。游戏中常见故事流程的结构：三段式故事结构、英雄之旅、蛇环式结构等。下面以三段式故事结构作简要说明。

开始（第一幕）

故事开始时介绍主要角色，通常第一个是故事中的英雄（主角）。第一幕还应该安排出主角的同盟者、敌人，以及主角居住的环境。最重要的是，第一幕要确立好英雄的问题和目标。在这一幕的结尾，英雄面对一个选择，或是进入一个和之前完全不同的局势当中。

中间（第二幕）

在角色开始适应他的新局势时，他面临着一个接一个的障碍，这些障碍通常是他的敌人设置的。这些障碍令英雄无法解决问题，达成他的目标。这一幕是故事的主要部分，角色在这里体验到要解决问题达成目标所必需的个人成长。中间一幕与第一幕以及第三幕不同，因为它有后二者两倍的长度，这一幕中还要处理角色的成长和故事的重点。因此，对很多作者来说这是很难跨越的一幕。

结局（第三幕）

当角色达成目标，解决了问题，故事便结束。但在这个过程中，还有别的事情发生。他或者在经历了一切之后发生了改变。这就是角色的主线。从结构严格的观点来看，第三幕是角色和故事达到一个新平衡的地方——新的平衡和新的生活。

开始
第一幕
捕捉观众
注意力说明问题

中间
第二幕
制造紧张
出现障碍

结局
第三幕
结束
解决问题

图 6.6　三段式故事结构

作为 Edu-game 的故事流程设计，需要在 Edu-game 游戏目标描述的框架下，首先选择合适的游戏主题，再看相应的游戏目标和主题是否适合用故事流程将相关的内容串联起来，最后选择相应类型的故事结构将相关的内容串联起来。

表 6.4　Edu-game 进程设计中的具体工作内容

Edu-game 进程设计	具体工作内容
Edu-game 游戏目标	1. 围绕主题从知识、智慧技能、动作技能和态度四个方面构建内容体系 2. 从知识、智慧技能、动作技能和态度四个方面描述游戏目标
Edu-game 故事流程	1. 选择合适的主题 2. 选择合适的故事结构 3. 构建进程的剧情（主线剧情）

二、Edu-game 游戏关卡

1. 游戏关卡

一个关卡类似于一本书的一个章节、交响乐的一个乐章，是整个作品的一个独立单元。游戏中存在着一些截然不同的区域，玩家在游戏的不同阶段需要处在不同的区域中活动，就形成了关卡。这些不同的区域可以按照不同的地理位置划分，也可以按照一次加载内存的容量划分，或者按照游戏操作的合适程度来划分。主要依据是玩家玩多久，才不至于感到疲劳，这样在关卡之间，玩家可以得到适当的休息。

例如，在战略游戏中，每个关卡采用不同的地图，玩家必须在这个地图中完成给定的任务才能通过该关卡。在赛车游戏中，每个关卡就是不同地形中的赛道。而体育类游戏中，可能每个关卡就是发生在不同体育馆中的不同比赛。

有些类型的游戏，如棋牌类游戏，和上面提到的游戏没有明确的场景变化，如地图、赛道或体育馆等，对玩家来说面对的始终是一个棋盘场景，所不同的只是对手不一样，从这个角度说整个游戏发生在一个单独的关卡之上。但实际上也是有关卡的，这时的关卡是依据玩家自身的属性建立的，如军棋游戏就依据玩家的积分将玩家分成小兵、排长、连长、营长、团长、旅长、师长和军长等级别，而且建立了小兵区、排长区等，规定不同的人进不同的区域等一系列措施，这和关卡的作用是一致的，因此也可以认为是有关卡的[110][111][112]。

2. Edu-game 游戏关卡

作为 Edu-game 关卡，在设计上需要参考普通游戏关卡设计的一些方法，如依据场景变化设置关卡、依据加载的内在容量设置关卡，或者依据玩家的合适程度设置关卡等。还需要参考教学设计中关于课程的单元设计原则，将 Edu-game 所涉及的教育内容进行切割，再结合普通游戏的关卡划分方法，构造 Edu-game 游戏关卡。

关于教育单元内容的组织，可以参考戴维·奥苏贝尔（David Ausubel）基于学习心理学的原则：① 学习者已有的知识对新内容的学习是一个比较重要的影响因素；② 任何概念都可在不同水平的归纳上加以解释[119]。一组单元内容要有助于界定相关教育内容的学习，包含三个重要的组成部分：范围、中心和顺序[118]。针对 Edu-game 来说，范围是指游戏所涉及的教育内容的广度和深度；中心是指在这个关卡中相关教育内容的着重点；顺序是在这个关卡中相

[119] 戴维·奥苏贝尔. 有意义的言辞学习心理学[M]. New York: Grune and Stratton, 1963.

关游戏情节的编排次序。

3. 进程和关卡的关系

游戏的进程和关卡在玩家玩游戏时一般体现不出来，其作用主要体现在游戏设计阶段。正如一本书，写的时候会策划写哪几部分，每一部分分成若干章，但真正写成书出版时，大多数书没有篇目录一样。而且在很多小型游戏中，一个进程就是一个关卡，如在《粮食力量》游戏中，玩家需要设法向饱受战火蹂躏的谢尔兰(Sehylan)岛运送救援食物，拯救岛上的饥民。这款游戏的目的就是帮助玩家了解饥荒的原因和解决方法，认识粮食援助的重要性以及实施人道主义救援计划的大致过程等。游戏就只有六个关卡：以直升机侦察饥民的位置、设计营养餐单、筹措经费、直升机空投救援食物、在地面运输时遭遇地雷并与武装分子谈判、合理分配粮食重建自食其力的社会等。

三、Edu-game 情节组织

（一）组织方式

任何一个游戏都有其情节载体，而情节载体的最直接的表现形式就是游戏故事。无情节的刺激类游戏、棋牌类游戏，实际上也是有故事情节的，其情节一般是通过场景、角色等多个游戏元素及其相关的属性如服饰、行为等组合成的综合信息，在玩家脑海里形成一个潜在的故事情节，如棋类游戏，玩家对弈的过程实际上就是故事情节的发展过程。游戏故事的讲述方式可以有正叙、倒叙和插叙三种方式。

（1）倒叙法。倒叙法就是将玩家先放在事件发生的结果之中，然后再让玩家回到过去，去了解事件发生的原因，或者是阻止某件事情的发生，冒险游戏一般采用倒叙法。

（2）正叙法。就是以平铺直叙的方法讲述故事，让故事情节随着玩家的遭遇而展开。也就是说，玩家对于游戏中所要进行的一切都是未知的，故事如何发展，只能等待玩家自己去发现或创造。一般的 RPG 游戏通常都是采用这种方式来描述游戏故事情节的。

（3）插叙法。插叙法是在描述故事情节的过程中，插入与当前故事相关联的另一段故事情节[110][111][112]。

（二）交互结构

如何处理玩家的交互操作，对故事发展的影响非常重要，如果对玩家的操作不加任何限制，故事的发展可能会出现不可预期的结果。因此如何规划游戏的交互结构直接关系到游戏能否达到预定的目标，而这就需要规划好游戏中的分支。按游戏发展中是否有分支可将游戏分为线形结构和非线形结构[10][11][12]。

1. 线形结构

玩家按游戏设计者预先设计的情节序列发展，中间如果玩不下去就死亡，其中没有并列的情节可供选择，也不可以在情节间发生跳转。这类游戏一般分为若干个故事情节来叙述故事，每一个情节都要求玩家完成固定的操作，如果要求没有完成，游戏不允许玩家进入下一个情节。这种没有分支，每个条件依次完成，完成一个条件，便生成下一个条件，直到游戏结束的结构方式，叫线形结构（如图 6.7 所示）。线形结构游戏的优点是游戏结果容易控制，设计方便；缺点是游戏只能按设计人员设计的故事发展，玩家好像被束缚住了，没有任何主动性。

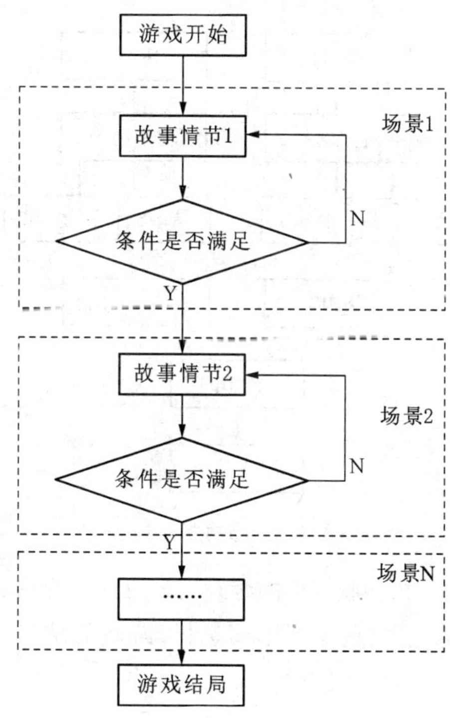

图 6.7　线形结构游戏

2. 非线性结构

相对于线性结构的游戏玩家没有任何主动性的缺点，非线性结构的游戏玩家可以按照他们的选择方式来编写故事。构成非线性的因素很多，包括：设计不同的可以并行选择的游戏情节；设计玩家完成游戏的不同挑战过程；设计玩家排除这些挑战的不同顺序等。所有这些可能性选择构成了游戏的非线性成分，而且非线性成分越多，玩家的体验可能就越多。非线性结构的种类有橄榄状结构、树根状结构、树冠状结构和网状结构。

（1）橄榄状结构。橄榄状结构的游戏故事只有一个开头，同时也只有一个结局。这一点与线性结构相同，但不同的是，在游戏过程中，它存在一些分支，但这些并不会影响到游戏的结局，如图 6.8 所示。

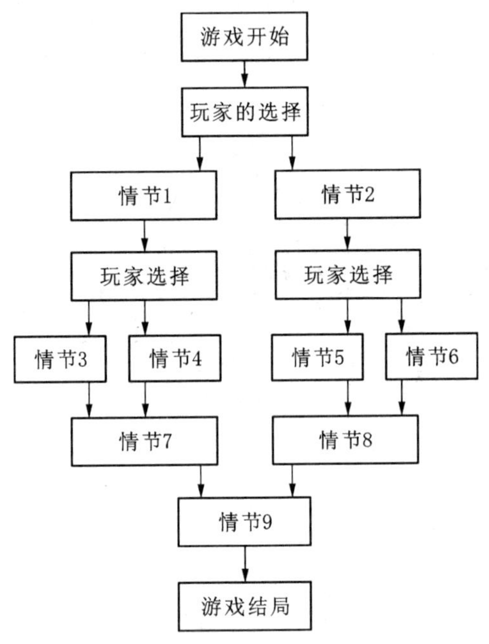

图 6.8　橄榄状结构

（2）树根状结构。树根状结构的游戏故事有一个开始，多个结局。游戏过程中出现了种种分支，根据玩家的不同选择，游戏的结局也会不同，如图 6.9 所示。

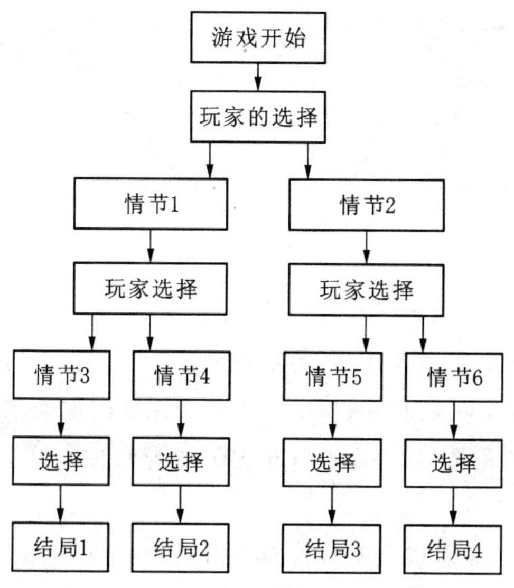

图 6.9　树根状结构

(3) 树冠状结构。树冠状结构与树根状结构正好相反，它有多个开始，但万源归宗，只有一个结局。如图 6.10 所示。

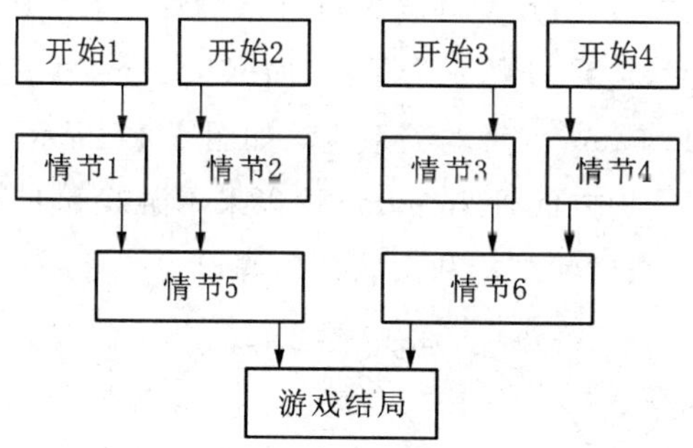

图 6.10　树冠状结构

(4) 网状结构。所谓的网状结构，是指游戏的故事结构像一张网，玩家可以随意从任意的地方开始，也可以随意向任意的方向发展。如图 6.11 所示。

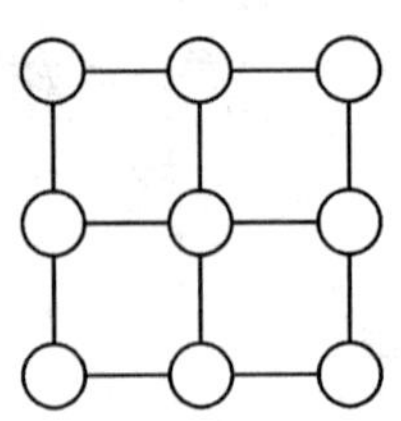
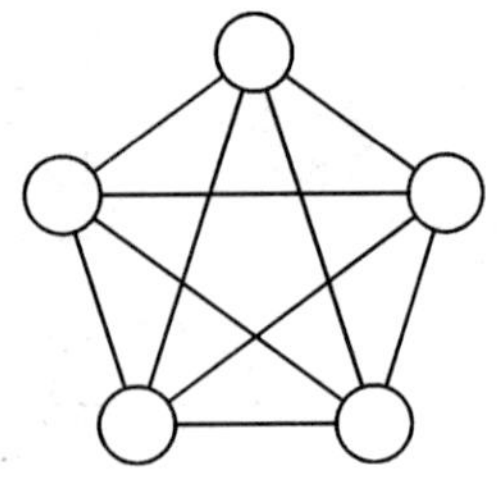

图 6.11　网状结构

（三）Edu-game 交互结构

在现代教育技术中，教学信息的组织和表现方式定义了课件中各知识点的相互关系及其发生联系的方式，反映了整个课件的框架结构和基本风格，并将多媒体 CAI 课件的内容组织结构方式归纳为四种方式：线形结构、树状结构、网状结构和复合结构[120]。

Edu-game 虽然在形式上与多媒体 CAI 课件有很大的不同，但两者核心是一致的，都是具体的教育内容。另外从内涵上讲，CAI 课件是教师或程序设计人员根据教学要求，用某种计算机语言或课件写作系统编制的教学应用软件。[120] 而在第二章中，Edu-game 定义为电子化的软件，由游戏设计和制作人员创作，承载着具体的教育和娱乐目的，它的运行状态可为游戏者提供包含教育内容的游戏环境，游戏者在此环境中可进行游戏活动。从概念的内涵上讲，Edu-game 属于 CAI，是 CAI 的一个子集，而 Edu-game 也是游戏的一个子集，因此游戏、CAI、Edu-game 三者的关系应该如图 6.12 所示。因此对于相关教育内容组织的交互结构方面，Edu-game 可以采用游戏和 CAI 的交集来表示，即可以采用线形结构、树状结构和网状结构等形式。

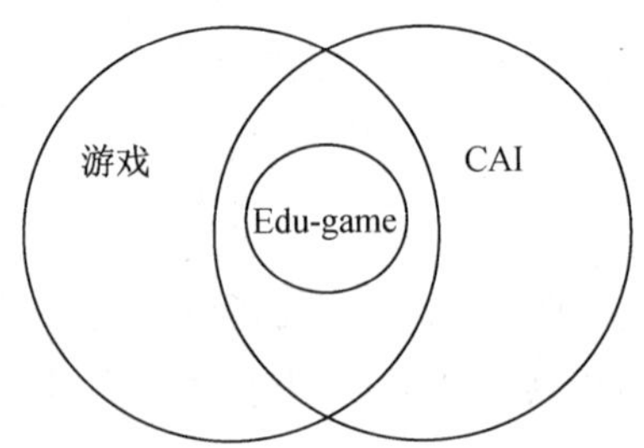

图 6.12　游戏、CAI、Edu-game 三者的关系

[120] 南国农．电化教育学[M]．北京：高等教育出版社，1998．

表 6.5 游戏、多媒体 CAI、Edu-game 的交互结构对比

游戏的交互结构	多媒体 CAI 交互结构	Edu-game 交互结构
线形结构	线形结构	线形结构
树状结构	树状结构	树状结构
网状结构	网状结构	网状结构
	复合结构	

第二节 Edu-game 的游戏情节单元设计

青少年发展体验设计的 Edu-game 游戏能否避免“塑料味”太浓，或者说开发的游戏能否得到青少年用户群的认可，这直接关系到游戏的生命力。从游戏企业的角度讲，游戏企业在考虑企业的社会责任的同时，需要考虑企业的利润，这决定着游戏企业必须要开发出得到青少年认可的游戏。人们有意识地选择目标实际上是为了满足他们的基本需要[32]，因此要开发出得到青少年认可的游戏须从满足青少年自身游戏的需要角度进行把握，这是一般游戏开发的一个基本准则，或者说是游戏设计的主要策略。本节从马斯洛的需要层次理论出发，参考青少年的心理特征，从游戏设计的中观层面对 Edu-game 的游戏情节进行设计。

一、青少年的游戏需要

(一) 马斯洛的需要层次理论

需要是一个人为了维持健康而必须保持的一种生理的或心理的状态(马斯洛 Maslow,1987)。游戏设计前设计者需要花大量的时间了解玩家在游戏中的需要，这是一款游戏能否得到玩家认可的关键。关于玩家的需要，这里参考马斯洛的需要层次理论。马斯洛提出有关人类需要及其动机作用的重要且有影响力的理论，他认为所有人类都会受到同样一组基本的人类需要的激励，这些基本需要根据其对生存和保持身心健康的重要性程度以一种层级的方式排列，包括生理的需求、安全的需求、归属的需求、自尊的需求与自我实现的需求。通常，这些需要被表示成一个金字塔[118]，图 5－13 提供了该思想的图解。

(1) 生理的需要(Physiological Needs):是人类最原始、最基本的需要,比如食物、水、住所、医疗等等。若得不到满足,则有生命危险。这是最强烈的不可避免的最底层的需要,也是推动人们行动的强大动力。但从玩家的角度来看,一般玩家都不会存在生理需要问题,因此后面不予讨论。

(2) 安全的需要(Safety Needs):指人们对学习、劳动、生活的稳定、可预测的环境的需要,希望免于灾难、未来有保障等。

(3) 归属的需求(Belonging Needs):指的是与其他人建立支持性的或合作关系的需要,此需求可以避免孤立、陌生、寂寞、疏离等,并可获得他人接纳而成为团队成员。

(4) 自尊的需要(Esteem Needs),指的是在小组中的地位和积极的自我概念的需要。此需求强调关系性、认同性与关怀性。

(5) 自我实现的需要(Self-actualization Needs),指每一个体最大水平地发展其独特能力和天赋的需要。满足这种需要要求完成与自己能力相称的工作,最充分地发挥自己的潜在能力,成为所期望的人物,这是一种创造的需要。马斯洛认为在人自我实现的创造性过程中,产生出"高峰体验"的情感,此时人处于最激荡人心的时刻,是人的存在最高、最完美、最和谐的状态,这时的人具有一种欣喜若狂的感觉。

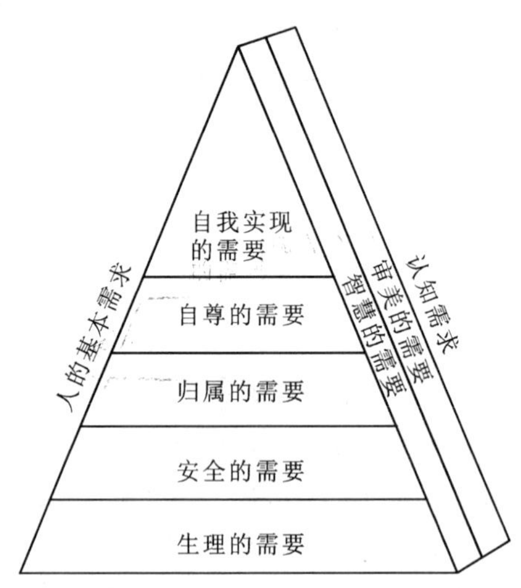

图 6.13 马斯洛的需要层次模型

马斯洛认为认知的需要包括智慧的需要和审美的需要[118]。智慧的需要

(Intellectual Needs) 描述的是人类努力理解和探究世界的倾向性。审美的需要(Aesthetic Needs)是指人们渴望体验美的事物，发现和创造对称的和完整的事物(Maslow,1987；Rowan,1999)。他确信认知的需要从许多重要的方面支持着人类的基本需要。图 6.13 表明了智慧需要与所有的基本的人类需要紧密相关的观点。

（二）青少年的游戏需要

关于玩家的游戏动机，很多人对此有研究：

● 电脑游戏具有诱惑力，"电脑游戏运用技术手段来表现现实的情况，满足人们的幻想"(Becta,2001)。它的可视化和空间表现力把你带入梦幻般的世界，而它本身看起来又是那么真实。当情境中具有了一些很熟悉的特征时，人们将感到敬畏与愉悦[11]。

● "玩游戏是为了赢或者达到某个目标……玩游戏的动机关键在于当面临挑战的时候能获得成功(Becta,2001)。"他们由于愉悦而受到激发，这种愉悦是"人类发展中自然学习过程中的一部分"[94] (Bisson and Luckner,1996)，也就是即时的看得到的反馈——既可以是玩家在玩迷你游戏时很快得到结果，也可以是在玩复杂游戏，比如角色扮演类的游戏时，所设置的总目标与阶段目标[34][121] (Prensky, 2001; Roubidoux et al., 2002)。

● 与许多其他游戏的游戏环境不同，复杂的电脑游戏提供了一个完善、互动、虚拟的游戏环境 (Prensky,2001)。周围环境的信息，使人在游戏中身临其境，并维持着在游戏中的兴趣(Prensky,2001)。

● 张红霞、谢毅通过文献研究发现青少年网络游戏玩家的游戏意向受多种内在动机和外在动机的共同影响[122]。青少年玩网络游戏的基本内在动机(如社会交际、超越现实、自我效能和享受乐趣)促进沉浸动机的形成。同时，沉浸是提高游戏意向的内在动机，主观规范和游戏涉入度分别是降低和提高游戏意向的外在动机。此外，内部动机和外部动机对游戏意向的影响存在交互作用。

---

[121] Roubidoux MA, Chapman CM, Piontek ME. Development and evaluation of an interactive web-based breast imaging game for medical students[J]. Academic Radiology, 2002, 9(10): 1169 - 1178.

[122] 张红霞，谢毅. 动机过程对青少年网络游戏行为意向的影响模型[J]. 心理学报，2008(12).

● 孟丽丽通过文献研究，将玩家的参与动机分为：挑战与竞争乐趣、自我肯定、幻想与角色扮演、人际关系、逃避归属、获取信息[123]。

● 北京大学的尚俊杰、香港中文大学李芳乐等人在对玩家文章研究的基础上，从休闲娱乐、社会交往、成就动机、权力动机、逃避与刺激动机等八个方面总结了玩家参与网络游戏的动机[124]（尚俊杰、壮绍勇、李芳乐等，2006）。

表 6.6　网络游戏玩家参与动机

动　机	说　明
休闲娱乐动机	满足人们身心放松、休闲娱乐的需要： (1) 放松：满足身心放松、休闲的需要 (2) 快乐：满足人们追求快乐的本能需要
社会交往动机	满足人与人交往的需要： (1) 交流：与其他玩家进行语言、动作和情感的交流 (2) 情感：满足友情、爱情等感情的需要 (3) 结交朋友：满足结识更多的朋友，扩大社交面的需要 (4) 群体归属：加入协会等团体，满足归属感的需要 (5) 合作：与朋友或己方合作完成任务 (6) 战争：与敌人或对手进行战争 (7) 利他：满足帮助他人助人为乐的需要 (8) 自尊：满足被人注意和尊重的需要
成就动机	满足人们争取成功，实现自我的需要
权力动机	满足人们希望影响或控制他人且不受他人控制的需要： (1) 影响：满足影响他人的需要 (2) 控制：满足控制他人的需要
逃避与刺激动机	满足人们逃避现实、发泄压力、追求刺激的需要： (1) 逃避：满足逃避学习、工作和生活压力的需要 (2) 发泄：满足发泄压力的需要 (3) 刺激：满足寻求冒险，追求心理刺激的需要
角色扮演动机	满足人们希望扮演另一个角色，以便体验另一种人生，更好地认识自我、想象自我的需要

---

[123] 孟丽丽. 网络游戏参与动机与学习动机的相关分析[J]. 开放教育研究，2008，14(1).

[124] 尚俊杰，庄绍勇，李芳乐等. 网络游戏玩家参与动机之实证研究[C]. 北京：第十届全球华人计算机教育应用会议(GCCCE2006)论文集，2006.

（续表）

动　机	说　明
深层动机	满足人们的好奇心、迎接挑战、战胜自我的深层需要： (1) 幻想：满足人们幻想的需要 (2) 好奇：满足人们对新鲜事物的感官好奇和认知好奇的需要 (3) 控制：满足人们能够决定或者控制游戏中的活动的需要 (4) 挑战：满足人们希望克服困难，战胜挑战的需要
其他动机	满足人们认知、赢利等其他方面的需要： (1) 认知：满足人们学习知识、开阔视野、提高能力的需要 (2) 赢利：满足人们获取外在经济报酬的需要

第二章第二节分析了青少年主要的心理特征，包括自我意识迅速发展、情感丰富却易冲动、思维敏捷但缺乏恒心、自我认可也自我拒绝四个方面。这里结合青少年的心理特征和参考关于游戏动机的研究（以尚俊杰、庄绍勇、李芳乐等人的研究为主，参考其他人的研究），从马斯洛的需要层次理论来总结青少年的游戏需要。其中生理需要部分不予讨论在前面已说明，而认知需要部分可以归入青少年发展体验部分，在这里也不再展开。因此，这里仅从安全的需要、归属的需要、尊重的需要和自我实现的需要四部分讨论。

1. 青少年在游戏中有安全体验的需要

(1) 青少年独立意向的发展需要安全的体验。由于青少年独立意向的发展，他们认为自己已长大成人后，通常会力求摆脱家长对他们的庇护，然而在家长眼里他们仍然是个孩子，于是矛盾产生了。此时他们迫切渴望能得到家长理解而家长又不能完全理解他们，因此为了自己的尊严，他们有时会产生挑战家长权威的欲望，但这种挑战在现实生活中经常会付出沉重的代价。而在游戏中，他们可以选择角色互换这种和平的方式从对方角色的扮演（尚俊杰、庄绍勇、李芳乐等，2006）中获得相互理解，有助于青少年调整角色定位，把握角色行为[125]；也可以选择打斗（如和高级别的玩家打斗）来发泄心中的不满，或不服从家长指挥而离家出走来逃避现实这种极端的形式（如不服从团队领导脱离团队等）（尚俊杰、庄绍勇、李芳乐等，2006），这些体验在游戏中不存在完全的危险。但针对青少年的游戏，一般不要选择暴力的形式解决，即使用暴力的形式解决也必须要通过适当的形式明确告诉玩家这不是正确的方式，因为

[125] 步平平．网络游戏对青少年的心理发展影响初探[J]．青年现象，2004(5)．

这种体验符合迁移的条件，会导致青少年在现实生活中也模仿采用这种暴力的解决方式。

（2）青少年自我意识的分化需要安全的体验。对于青少年自我意识的分化而出现理想与现实的问题，当理想与现实的差距很大的时候就会产生受挫感，导致心理状态失去平衡。在生活中只有通过说教等形式逐步调整青少年的理想让他们回到现实中来。然而，这种隐藏在青少年内心深处的矛盾会给青少年带来极大的压力，生活中很少具备这种压力释放的条件，而游戏创造了压力释放的环境。在游戏中，青少年可以通过统领军队，或者指挥下属，或者挑战极限等方式，来影响或控制他人，满足自己获得成功，在实现自我的体验（尚俊杰、庄绍勇、李芳乐等，2006）的时候不会给他们带来安全的风险。

（3）青少年情感丰富却易冲动需要安全的体验。进入青少年时期以后，青少年的情感逐渐变得丰富、活跃、富有感染力，同时又情绪不稳定，导致他们容易感情用事，在生活中如果遇到矛盾，感到委屈或者不满时，血气方刚的他们便会不假思索地去争吵、怄气，甚至一气之下，发生严重的反社会行为。借助游戏，青少年可以将这种不满的情绪通过情感交流及时地疏导，或者通过冒险、打斗等方式及时予以发泄（尚俊杰、庄绍勇、李芳乐等，2006）。这在一定程度上缓解了青少年身心发展过程中面临的压力，从心理学的角度来看，有利于培养健康的情感和正常的心理状态[126]。

2. 青少年在游戏中有归属体验的需要

归属体验是青少年个性成长和友谊的需要。随着青少年成长，他们对周围人对自己的分析、评价非常关注和敏感，他们注重友谊，将友谊比作“阳光”和“鲜花”。在网络时代，游戏为他们提供了一个交流窗口，通过游戏他们可以和玩家交流、在同学中获得认同感、结识更多的朋友、扩大社交面等（尚俊杰、庄绍勇、李芳乐等，2006）。在游戏中可以与网友并肩作战或在线聊天，发展出同属于一个团体的意识形态，或因有相同的目标而建立关系，使用成员的稳定性加上接触频繁，容易让玩家有充分的确定感而能去信任他人（郭欣怡、林以正，1998；杨莹，2004）。

---

[126] 张铁楠. 网络游戏对青少年人格心理发展的影响[J]. 现代传播，2003(5).

3. 青少年在游戏中有自尊体验的需要

自尊体验是青少年思维敏捷、自尊心强的需要。自尊心是一个人需要被尊重的反映，是与自信心、进取心、责任感和荣誉感密切有联系的一种积极的心理品质，也是一个人前进的动力和最敏锐的情感。青少年的自尊心都很强，他们特别需要别人的尊重。自尊心强的青少年，在得到满足时，会产生骄傲情绪；在受到挫折时，便会表现出强烈的自卑心理。有自卑感的青少年消极地评价自己的个性，平时沉默寡言，也不喜欢表露，更不爱出人头地，而是遇事"退避三舍"。一个人如果经常受到讥笑、责备或者不能获得成功，自尊心屡次受挫，就会产生自卑感，严重时会自暴自弃。其实，青少年具有发展迅速的联想、推理、抽象、概括、逻辑和创造性思维能力，对新事物敏感，接受能力很强，反应灵敏，操作能力强，思维敏捷，思路活跃。因此接受包括智力和技能等方面的挑战而获得成功，是他们提高自尊心的重要途径。游戏具备为青少年提高挑战的潜质，青少年在完善、互动、虚拟的游戏环境中[34]（Prensky，2001），选择智力挑战、打怪、获得装备、过关等形式来获得成功的体验[11]（Becta，2001）。实际上，通过游戏获得成功来证明自己也是青少年选择游戏的一个重要原因，这就不难理解为什么青少年会向同学或朋友炫耀自己的等级、装备、服饰等，这其实是他们希望借此获得同学或朋友尊重的一个原因。

4. 青少年在游戏中有自我实现体验的需要

青少年自我认可和自我拒绝的心理特征需要成功的体验来满足他们自我实现的需要。青少年一般认可自己的才能，但也有自我拒绝现象。他们为自己制定了过高的奋斗目标，超过了自身的能力而不能获得成功是导致他们自我拒绝的主要因素。因此成功的体验是解决他们自我拒绝的有效办法，但是生活中并不是每个人都能得到自己想得到的成功，失败的情况反而占到大多数。对于他们来讲，通常得到一个团体的内部认可，得到其他人的尊重，就能极大地满足一个人的成就感，增加他的自信。在网络游戏中，游戏者的身份是虚拟的，游戏者从现实的物理世界进入了虚拟的网络世界，在这个虚拟的世界里扮演自己喜欢的角色，实现自己的"白日梦"[127]，满足实现自我的需要。玩过《传奇》《奇迹》等网络游戏的玩家都有这样的体会：游戏到了后期，最大的乐趣

---

[127] 李琳，姜英杰，李雪艳. 网络游戏对青少年心理发展的影响及其自我调控对策[J]. 现代中小学教育，2004(7).

除了攻城战等双方对战之外，就是穿着一身显眼的极品装备、拿着一个服务器里屈指可数的超级武器到处走动去引来许多注目的眼光和赞叹声，这时的“时装秀”给人极大的“成就感”。日本学者左藤(Sato, I.,1998)在研究日本青年“暴走族(Bosozoku)”的赛车游戏时就发现，即使冒着随时可能车毁人亡的危险，“暴走者”仍然疯狂飙车且乐此不疲，而目的就是为了体验“暴走”时的速度(Speed)与战栗(Thrill)。为追求这种巅峰体验，“暴走族”付出的代价可能是痛苦和巨大的，然而这种付出可以为他们获得这种高峰体验。

二、Edu-game 游戏情节单元设计

通过对青少年的心理特征、游戏需要方面的分析，可以将青少年心理特征、游戏需要及青少年的游戏行为用表 6.7 来表示。

表 6.7 青少年心理特征与游戏需要及游戏行为的关系

需　要	心理特征	游戏行为
安全体验的需要	独立意向 自我意识的分化 情感丰富却易冲动	冒险 极速运动 动作极限 破坏 打怪 斗争
归属体验的需要	个性成长和友谊	入队 交流
自尊体验的需要	较高的自尊心 思维敏捷而缺乏恒心	挑战 创造 过关 探索 炫耀 领队 获得装备 追求等级
自我实现体验的需要	自我认可和自我拒绝	成就 高峰体验

从游戏开发的角度，可以将上表作如下转化表示：

表 6.8　游戏开发角度设计青少年的游戏需要及游戏行为

关卡	情节及相关描述	策略(从玩家的游戏需要及心理特征描述)	玩家游戏行为描述
关卡 1	情节 1:……	……	……
	情节 2:……	……	……
	情节 b1－1:……	……	……
	情节 b1:……	……	……
关卡 a1	情节 1:……	……	……
	情节 2:……	……	……
	情节 b2－1:……	……	……
	情节 b2:……	……	……
关卡 1	情节 1:……	……	……
	情节 2:……	……	……
	情节 c1－1:……	……	……
	情节 c1:……	……	……
关卡 a2	情节 1:……	……	……
	情节 2:……	……	……
	情节 c2－1:……	……	……
	情节 c2:……	……	……

第三节　Edu-game 的游戏元素设计

在第二章中我们将 Edu-game 定义为承载着具体的教育和娱乐目的，可为游戏者提供包含教育内容的游戏环境。在思考具体教育内容的时候，我们将其定位在青少年知识和能力的课外拓展方面。第四章关于游戏与青少年发展关系的研究论证了游戏对青少年的言语信息、智慧技能、动作技能和态度四个方面的发展有积极的作用，这为在设计 Edu-game 时，选择游戏承载的具体教育内容提供了参考依据。本节将在体验学习理论的指导下，对 Edu-game 游戏元素与教育内容单元的结合进行设计。

一、乐于体验

乐于体验是指，在情感方面要使玩家在游戏中感到快乐，乐意在游戏中接受言语信息、智慧技能、动作技能和态度等方面的深入体验。根据快乐产生的心理机制，这里从游戏的内容、形式和过程三个层面来分析游戏设计中的情感设计原则。

（1）能使玩家从游戏呈现形式中感受快乐。美的形式可以刺激玩家的感官，产生愉悦的审美体验，从而使玩家感到快乐。游戏空间中逼真、形象、生动的视听效果可使玩家产生丰富的审美体验。玩家通过视听感官以及审美情趣去感知游戏空间中优美的画面和音乐，从而产生审美愉悦，最终轻松、快乐地接受体验。这主要涉及游戏中可感知元素的设计，具体包括角色、道具、实体对象、游戏场景。

（2）能使玩家从游戏空间内容新颖与变化中感受快乐。不同的游戏内容可以使玩家产生不同的心理感受，玩家会为自己所遇到的新颖独特的游戏内容而感到快乐。一般来说，被玩家厌倦的游戏内容是不会给玩家带来快乐的，而只有玩家喜欢的、对之充满好奇的游戏内容才能够激发玩家强烈的体验欲，并且在这种欲望得到满足的情况下，感受游戏带来的由衷的快乐。这主要涉及游戏情节变化过程中的游戏空间内容设计，具体包括角色、道具、实体对象、游戏场景的设计及其变化设计。

（3）能使玩家从完成游戏任务中感受快乐。成功的体验是快乐的主要源泉。如果玩家在游戏过程中遇到困难的任务，挑战欲与意志力可以激发其挑战困难的斗志。而当玩家利用自己的知识与技能，发挥自己想象力与创造力挑战成功时，他的智慧与技能得到一次有力的验证，这种成功的体验会为玩家带来困难被征服之后的由衷喜悦。这主要涉及游戏情节中任务、规则的设计。

二、体验有用

体验有用是从内容方面讲，青少年在游戏中的虚拟体验要有利于青少年言语信息、智慧技能、动作技能和态度的发展，即青少年在游戏空间中通过体验习得的知识和技能在现实世界的实践中能加以运用，这需要满足迁移的条件。这里从真实性原则、科学性原则和现实性原则三个方面来归纳满足迁移的条件。

（1）游戏中可感知对象的真实性原则。这里的可感知对象包括游戏中的角色、道具、实体对象及游戏场景，要使玩家在游戏中看起来、听起来都感觉和真实环境一致。如果在游戏空间中对可感知对象的形象和特征过多地进行虚构，会使玩家产生认知困难，难以激发玩家的动机，而且这种感知体验是虚构的，对玩家言语信息的发展不仅没有帮助，而且会导致其认知混乱从而阻碍对真实环境的认识。另外太多虚构的对象也不符合知识的迁移原则，会导致玩家的迁移困难。对于现实中不存在的一些对象（如神物等），在游戏中要以人类对其的认知为基础进行再创造，如龙的形象，我们不能在游戏中以“猪”的形象出现。因此，这里将游戏中忠于人类认知对象的形象、特征设计与创造也理解为真实的。从技术实现层面讲，真实性还要求游戏具有流畅的运行速度和表现力，游戏中对象的变化与位移要实时地随着玩家角色所处空间位置和视角的不同而改变，视觉输出的停滞和延迟会严重影响玩家的沉浸感。

（2）游戏中的虚拟事件符合科学性原则。虚拟事件所涉及对象的动作及所遵循的规则要科学合理，从行为和规则的角度也要让玩家感到和真实环境一致。游戏中如果过多地使用虚构的对象动作和虚构的规则，会让玩家在游戏空间中感到无所适从，玩家面对这种虚构的对象动作和游戏规则无法应用其原有的观察、反思、概括和推理能力，也无法采用合适的动作予以应对。这种不符合科学性的对象动作及所遵循的规则不符合技能迁移原则，它同样会导致玩家的技能混乱而阻碍玩家的技能发展。

（3）游戏中的虚拟生命要符合现实性原则。虚拟生命所涉及的游戏进程、游戏关卡及游戏情节要与现实生活中的过程尽可能保持一致。任何事物都有出生、发展及死亡的过程，伴随着事物的成长，人们对待事物的认知得到深入，情感得到升华，这可帮助人们形成对事物的正确的态度。过多的虚构会阻碍人们对待事物的认知和态度，也不符合迁移原则。

三、游戏元素与教育内容单元的结合

通过上述分析，可以将青少年发展体验、游戏元素及设计原则用表 6.9 来表示。

表 6.9 青少年发展体验、游戏元素及设计原则关系表

	游戏元素	情感层面	内容层面	遵循原则
虚拟对象	角色 道具 实体对象 游戏场景	从游戏呈现形式中获得感知的快乐	感知体验 （言语信息和智慧技能）	快乐原则 真实性原则 可迁移原则
虚拟事件	任务 规则	从游戏任务完成中获得挑战的快乐	技能体验 （智慧技能和动作技能）	快乐原则 科学性原则 可迁移原则
虚拟生命	与情节有关的游戏元素	从游戏情节发展中获得成长的快乐	过程体验 （态度）	快乐原则 现实性原则 可迁移原则

从游戏开发的角度，可以将上表作如下转化表示：

表 6.10 游戏开发角度设计青少年发展体验内容单元与游戏元素的关系

情节及描述	游戏元素	元素具体化	形象、特征或功能描述	情感层面	内容单元
情节 1 ……	角色	角色 1	……	……	……
		角色 n1	……	……	……
	道具	道具 1	……	……	……
		道具 n2	……	……	……
	实体对象	对象 1	……	……	……
		对象 n3	……	……	……
	游戏场景	场景 1	……	……	……
		场景 n4	……	……	……
	任务	任务 1	……	……	……
		任务 n	……	……	……
	规则	规则 1	……	……	……
		规则 n	……	……	……

（续表）

情节及描述	游戏元素	元素具体化	形象、特征或功能描述	情感层面	内容单元
情节 b ……	角色	角色 1	……	……	……
		角色 m1	……	……	……
	道具	道具 1	……	……	……
		道具 m2	……	……	……
	实体对象	对象 1	……	……	……
		对象 m3	……	……	……
	游戏场景	场景 1	……	……	……
		场景 m4	……	……	……
	任务	任务 1	……	……	……
		任务 m5	……	……	……
	规则	规则 1	……	……	……
		规则 m6	……	……	……

本章小结

本章从宏观、中观、微观三个层面来全面规划 Edu-game，具体包括：

● 宏观层面从与青少年发展的相关内容教学设计过程整体架构 Edu-game 进展——游戏进程设计、游戏关卡设计、游戏情节组织

● 中观层面从青少年游戏需要的角度设计游戏情节——游戏情节单元设计

● 微观层面探讨青少年发展的教育内容单元与游戏元素的结合——游戏元素设计

表 6.11 从不同的设计层面在相关理论支撑下的游戏设计关系表

设计层面	游戏设计	相关理论
宏观层面	进程设计	体验发展理论 教学设计理论
	关卡设计	
	情节组织	
中观层面	情节单元设计	马斯洛的需要层次理论 青少年的心理特征
微观层面	游戏元素的设计	体验理论 迁移理论

第七章　结　论

一、研究结论

针对网络游戏对青少年毒害的现状，在"堵"无法解决问题的情况下寻求有效的"疏导"办法是目前迫切需要解决的问题。本研究选择从教育层面对游戏进行策划，进而引导相关企业或单位开发出适合青少年适量参与的游戏，来满足青少年的游戏需求，从而达到有效"疏导"的目的。为此，本研究对教育游戏的概念界定、游戏与青少年发展的关系及 Edu-game 设计等方面展开研究。形成的结论如下：

(1) 教育游戏的概念界定。教育游戏是电子化的软件，由游戏设计和制作人员创作、承载着具体的教育和娱乐目的，它的运行状态可为游戏者提供包含教育内容的娱乐环境，游戏者在此环境中可进行交互操作活动。游戏者在此环境中的游戏活动是指游戏者依据游戏规则，使用游戏策略，为最终达成游戏目标而进行的一系列活动。游戏者在游戏过程中既可获得与日常生活不同的紧张、喜悦等感情，又可完善或者提高自身性能的某些方面。其属性包括目标性、规则性、策略性、自由性和娱教性。

(2) 游戏与青少年发展关系的理论框架。游戏对青少年发展的积极作用可归纳为游戏与言语信息的学习、游戏与智慧技能的发展、游戏与动作技能的发展和游戏与态度的养成等 4 个维度 13 个方面，在此基础上构建游戏与青少年发展关系的理论框架(见表 4.8)。

(3) Edu-game 的内容体系包括教育内容、游戏空间和交互界面。在实践的基础上总结了游戏中文化的两次植入解决方案。对游戏空间进行分解和归类，可将游戏元素分为：角色、道具、实体对象、场景、游戏任务和游戏规则。

(4) Edu-game 设计需从宏观、中观和微观三个方面全面规划：

● 宏观层面从与青少年发展的相关内容教学设计过程整体架构 Edu-game 进展——游戏进程设计、游戏关卡设计、游戏情节组织

● 中观层面从青少年游戏需要的角度设计游戏情节——游戏情节单元设计

● 微观层面探讨青少年发展的教育内容单元与游戏元素的结合——游戏元素设计

二、创新之处

纵观全文，本研究具有如下创新之处：

(1) 从游戏与言语信息的学习、游戏与智慧技能的发展、游戏与动作技能的发展和游戏与态度的养成 4 个维度形成游戏与青少年发展关系的假设，从 13 个方面加以论证，以此为基础，架构了游戏与青少年发展关系的理论框架（见表 4.8），首次较为明确且全面地提出了游戏对青少年发展的积极作用。

(2) 提出了从宏观、中观和微观三个方面全面规划 Edu-game 设计的思路：

● 宏观层面从与青少年发展的相关内容教学设计过程整体架构 Edu-game 进展——游戏进程设计、游戏关卡设计、游戏情节组织

● 中观层面从青少年游戏需要的角度设计游戏情节——游戏情节单元设计

● 微观层面探讨青少年发展的教育内容单元与游戏元素的结合——游戏元素设计

(3) 在总结国内外关于教育游戏概念的基础上，从本质上对教育游戏进行揭示，并选择从游戏设计者、玩家两个角度进一步描述教育游戏的概念，这在具体教育游戏的设计和辨别上有很强的可操作性，因此在概念定义上具有创新性。

(4) 在实践的基础上总结了游戏公司对游戏中文化的两次植入解决方案，该方案具有较强的可操作性，而且国内外没有类似的方案，因此该方案也有一定的创新性。

三、研究展望

由于研究周期有限，本研究还存在一些不足有待继续研究，主要包括以下几个方面：

（1）游戏与青少年的认知策略发展问题。本研究从游戏对青少年影响的客体角度回避了游戏与青少年的认知策略的关系问题，但从和中小学生的沟通中发现游戏对青少年的认知策略是有间接影响的，如很多中小学生认为游戏让他们处理同学关系时变得越来越自信了。但目前关于这个问题的国内外研究中，很少有文献涉及，需要对这个问题展开进一步的文献和实证研究，从而完善游戏与青少年发展的理论体系。

（2）游戏与青少年的身体锻炼。体感游戏很好地将电脑游戏与身体锻炼结合起来，这有利于激励青少年参加体育锻炼，从而提高青少年的身体素质。随着体感游戏技术的快速发展，极有可能在未来几年中普及，这将对青少年的体育锻炼产生革命性的影响。这方面的相关研究也有必要补充完善到游戏与青少年发展的理论体系中去。

（3）Edu-game 与青少年游戏成瘾问题。本研究虽然讨论了游戏与青少年发展关系的理论问题并展开了 Edu-game 的设计研究，但如何使青少年在享受游戏带来快乐的同时又不沉迷于游戏，这个问题是本研究没有敢涉及且又需要有大智慧才能解决的问题，这个问题是一个国际性的难题，希望今后能在多学科的配合下展开有益的研究尝试。

（4）Edu-game 设计的实践验证。目前基于我们的 Edu-game 设计理论的游戏设计及开发工作处于和游戏公司合作的第一个阶段——游戏策划阶段，从游戏公司反馈的信息来看是比较积极的，但开发出来的游戏能否得到包括青少年、商家、学校及家长的广泛认可，需要多方面的长期努力并通过实践验证。

参考文献

[1] 艾瑞咨询. 2007—2008 年中国网络游戏行业发展报告[R]. http://www. iresearch. com. cn/Report/Charge. asp? id=1121.

[2] 大学生沉迷网游引起人大代表关注[EB/OL]. http://blog. 163. com/gaofenglove@126/blog/static/540754282008541122345 7/.

[3] 甫玉龙. 论作为素质教育的网络游戏[J]. 江汉论坛,2007(5).

[4] 恽如伟,史慧敏,李艺等. 青少年健康数字娱乐状况研究——2007 网络游戏调查研究报告[J]. 开放教育研究,2008(1).

[5] Crowe N., and Bradford S. 'Hanging out in Runescape': identity, work and play in the virtual playground[J]. Children's Geographies, 2006, 4 (3): 331 - 346.

[6] Natale MJ. The effect of a male-oriented computer gaming culture on careers in the computer industry[J]. Computers and Society, 2002, 32 (2): 24 - 31.

[7] Klawe MM. The educational potential of electronic games and the E-GEMS Project[C]. In T Ottman and I Tomek (eds) Proceedings of the ED-MEDIA 94 World Conference on Educational Multimedia and Hypermedia. Panel discussion 'Can electronic games make a positive contribution to the learning of mathematics and science in the intermediate classroom?' AACE (Association for the Advancement of Computing in Education), Vancouver, Canada, 25 - 30 June 1994.

[8] Ritchie D., Dodge B. Integrating technology usage across the curriculum[C]. Annual Conference on Technology and Teacher Education, 12 - 15 March 1992, Houston, TX, 1992.

[9] Yun RW, Xi HX, Li Y. The experiment of improving students' spatial ability by using VGLS[C]. Lecture Notes in Computer Science(16th International Conference on Artificial Reality and Telexistence), NOV 29-DEC 02, Proceedings, v 4282, p 467 - 473, 2006.

[10] Clark D. Computer games in education and training [C]. Presentation at LSDA seminar Learning by playing: can computer games and simulations support teaching and learning for post-16 learners in formal, workplace and informal learning contexts? 20 November 2003, London. Slides at www. bbk. ac. uk/ccs/elearn/events. html, accessed 14 April 2004.

[11] Becta. Computer games in education project report [DB/OL]. http://www. becta. org. uk/research/research. cfm? section=1&id=2835.

[12] Conati C., Zhou XM. Modeling Students' Emotions from Cognitive Appraisal in Educational Games[D]. Department of Computer Science, University of British Columbia, Vancouver, BC, Canada,2002.

[13] 王陆,孙洪涛,刘敬光. 教育游戏中的教师角色设计与教师创作工具[J]. 电化教育研究,2007(1):39.

[14] Oyen A, Bebko JM. The effects of computer games and lesson contexts on children's mnemonic strategies[J]. Journal of Experimental Child Psychology,1996, 62: 173 - 189.

[15] Kirriemuir, J. & McFarlane, A Literature review in games and learning[R]. A Report of NESTA Future-lab. Retrieved July 10, 2004, from http://www. nestafuturelab. org/research/reviews/ 08_01. htm.

[16] Glenda A, Robert F, et al. Taking Educational Games Seriously: Using the RETAIN Model to Design Endogenous Fantasy into Standalone Educational Games[J]. Educational Technology Research and Development, v56 n5 - 6 p511 - 537 Dec 2008.

[17] Tazawa Y, Soukalo AV, Okada K, et al. Excessive playing of home computer games by children presenting unexplained symptoms[J]. The Journal of Pediatrics,1997, 130(6): 1010 - 1011.

[18] Tazawa Y, Okada K. Physical signs associated with excessive television-game playing and sleep deprivation[J]. Pediatrics International,

2001，43：647－650.

[19] Cleary AG，McKendrick H，Sills JA. Hand-arm vibration syndrome may be associated with prolonged use of vibrating computer games [J]. Letter，British Medical Journal，2 February 2002.

[20] Dorman SM. Video and computer games：effect on children and implications for health education[J]. Journal of School Health，1997，67(4)：133－138.

[21] Ricci S，Vigevano F. The effect of video-game software in video-game epilepsy[J]. Epilepsia，1999，40(4)：31－37.

[22] Bosworth K. Computer games and simulations as tools to reach and engage adolescents in health promotion activities[J]. Computers in Human Services，1994，11(1)：109－119.

[23] Roe K，Muijs D. Children and computer games—a profile of the heavy user[J]. European Journal of Communication，1998，13(2)：181－200.

[24] Mc Grenere，J. Design：Educational Electronic Multi-Player Games. A Literature Review[D]. Thesis from the Department of Computer Science，Univ. British Columbia，USA，1996.

[25] P. Ravindra S. De Silva，Masatake Higashi，et al. Monitoring of Emotion to Create Adaptive Game for Children with Mild Autistic[M]. W. G. Kropatsch，M. Kampel，and A. Hanbury (Eds.)，326－333，2007.

[26] Gonzalez，C. S.，Moreno，L.，Aguilar，et al. Towards the Efficient Communication of Knowledge in an Adaptive Multimedia Interface [C]. Proceedings de Interactive Learning Environments for Children，Athens，Greece，2000.

[27] 尚俊杰，李芳乐，李浩文. “轻游戏”：教育游戏的希望和未来[J]. 电化教育研究，2005(1).

[28] Holger Diener. Serious Games—Games for Interactive Simulation and Training[R]. Edutainment，2006.

[29] 莫雷，张卫. 青少年发展与教育心理学[M]. 广州：暨南大学出版社，1997.

[30] 丁家永. 现代教育心理学[M]. 广州:广东高等教育出版社,2004.

[31] 陆庆壬. 人的发展和社会发展[M]. 上海:同济大学出版社,1994.

[32] 托马斯·费兹科,约翰·麦克卢尔. 教育心理学[M]. 吴庆麟,等译. 上海:上海人民出版社,2008.

[33] Alice Mitchell and Carol Savill-Smith. The use of computer and video games for learning[M]. Information Society Technologies, 2006.

[34] Prensky M. Digital game-based learning [M]. New York: McGraw-Hill, 2001.

[35] 楚学娟,杨雪. 电脑游戏在教育领域内的研究现状分析及其应用途径[J]. 现代教育科学,2006(1).

[36] 伽达默尔. 真理与方法(上)[M]. 洪汉鼎译. 上海:上海译文出版社,1999.

[37] 胡伊青加. 人·游戏者[M]. 成穷译. 贵阳:贵州人民出版社,1998.

[38] 曹中平,蒋欢. 游戏功能的再认识——来自脑科学研究的启示[J]. 调查与研究,2005,33(7—8).

[39] D. A. 库伯. 体验学习[M]. 王灿明,朱水萍,等译. 上海:华东师范大学出版社,2008.

[40] 柯林·比尔德,约翰·威尔进. 体验式学习的力量[M]. 黄荣华译. 广州:中山大学出版社,2003.

[41] 王嘉毅,李志厚. 论体验学习[J]. 教育理论与实践,2004(24).

[42] 邵瑞珍. 教育心理学[M]. 上海:上海教育出版社,1997.

[43] 单美贤,李艺. 虚拟实验原理与教学应用[M]. 北京:教育科学出版社,2005.

[44] 姚梅林. 当代迁移研究的趋向[J]. 心理发展与教育,2000(3).

[45] 加涅. 教学设计原理[M]. 上海:华东师范大学出版社,2005.

[46] 陈琦,刘儒德. 当代教育心理学[M]. 北京:北京师范大学出版社,2008.

[47] 白桂香. 教育心理学[M]. 北京:北京出版社,2004.

[48] Kirriemuir J. The relevance of video games and gaming consoles to the higher and further education learning experience[R]. Techwatch Report TSW 02.01, 2002.

[49] Leutner D. Guided discovery learning with computer-based simulation games: effects of adaptive and non-adaptive instructional support [J]. Learning and Instruction, 1993, 3(2): 113－132.

[50] Berson MJ: Effectiveness of computer technology in social studies: a review of the literature[J]. Journal of Research on Computing in Education, 1996, 28(4): 486－499.

[51] Thomas R, Cahill J, Santilli L: Using an interactive computer game to increase skill and self-efficacy regarding safer sex negotiation: field test results[J]. Health Education and Behavior, 1997, 24(1):71－86.

[52] Sedighian K. Playing styles for computer and video games[C]. In T Ottman and I Tomek (eds) Proceedings of the ED-MEDIA 94 World Conference on Educational Multimedia and Hypermedia. Panel discussion 'Can electronic games make a positive contribution to the learning of mathematics and science in the intermediate classroom?' AACE (Association for the Advancement of Computing in Education), Vancouver, Canada, 25－30 June 1994.

[53] 尚俊杰,庄绍勇,李芳乐等.教育游戏的动机、成效及若干问题之探讨[J].电化教育研究,2008(6).

[54] Jayakanthan R. Application of computer games in the field of education[J]. The Electronic Library, 2002, 20(2): 98－102.

[55] VanDeventer SS, White JA. Expert behavior in children's video game play[J]. Simulation and Gaming, 2002, 33(1): 28－48.

[56] Randel JM, Morris BA, Wetzel CD, Whitehill BV. The effectiveness of games for educational purposes: a review of recent research [J]. Simulation and Gaming, 1992, 23(3): 261－276.

[57] Squire K, Jenkins H, Holland W, Miller H, et al. Design principles of next-generation digital gaming for education[J]. Educational Technology, September-October, 17－23, 2003.

[58] John Kernan. Evaluation of Lightspan. Research Results from 403 schools and over 14,580 students[R]. February, 2000.

[59] Schwartz S. A comparison of componential and traditional

approaches to training reading skills[J]. Applied Cognitive Psychology, 1988, 2(3): 189 - 201.

[60] Herselman ME. South African resource-deprived learners benefit from CALL through the medium of computer games[J]. Computer Assisted Language Learning, 1999, 12(3): 197 - 218.

[61] Pillay H, Brownlee J, Wilss L. Cognition and recreational computer games: implications for educational technology[J]. Journal of Research on Computing in Education, 1999, 32(1): 203 - 216.

[62] Ko S. An empirical analysis of children's thinking and learning using a computer game context[J]. Educational Psychology, 2002, 22(2): 219 - 233.

[63] Green C, Bavelier D. Action video game modifies visual selective attention[J]. Nature, 2003, 423, 534 - 537.

[64] Greenfield PM, Camaioni L, Ercolani P, et al. Cognitive socialization by computer games in two cultures: inductive discovery or mastery of an iconic code[J]. Journal of Applied Developmental Psychology, 1994, 15(1): 59 - 85.

[65] Doolittle JH. Using riddles and interactive computer games to teach problem-solving skills[J]. Teaching of Psychology, 1995, 22(1): 33 - 36.

[66] Pillay H. An investigation of cognitive processes engaged in by recreational computer games players: implications for skills of the future [J]. Journal of Research on Technology in Education, 2003, 34(3): 336 -350.

[67] Griffiths MD. The educational benefits of videogames [J]. Education and Health, 2002; 20(3): 47 - 51.

[68] Henry M. Halff. Adventure Games for Science Education: Generative Methods in Exploratory Environments.

[69] 王仕勇.从网络游戏成瘾看青少年新媒体素养教育[J].重庆工商大学学报(社会科学版),2008,25(2).

[70] Gee JP. What video games have to teach us about learning and

literacy[M]. New York: Palgrave Macmillan, 2003.

[71] Hollins P. Playing is the new learning. E. Learning Age[M]. December-January, 16 - 19, 2003.

[72] 新华网 http://news. xinhuanet. com/newscenter/2008 - 04/30/content_8074834. htm.

[73] 林宏达. 网络游戏可以玩出"领导力"[DB/OL]. 中国文化报—网络文化,http://news. idoican. com. cn/zgwenhuab/html/2008 - 08/15/content_10129547. htm.

[74] John Seely Brown and Douglas Thomas, The Gamer Disposition [DB/OL]. http://conversationstarter. hbsp. com/2008/02/the _ gamer _ disposition. html.

[75] Byron Reeves, Thomas W. Malone, Tony O'Driscoll, Leadership's Online Labs[J]. Harvard Business Review Article, R0805C, 2008.

[76] Richard Rose. 游戏设计——原理与实践[M]. 北京:电子工业出版社,2003.

[77] Samoilovich S, Ricccitelli C, Scheil A, et al. Attitude of schizophrenics to computer videogames[J]. Psychopathology, 1992, 25: 117 -119.

[78] Sietsema JM, Nelson DL, Mulder RM, et al. The use of a game to promote arm reach in persons with traumatic brain injury[J]. American Journal of Occupational Therapy, 1993, 47: 19 - 24.

[79] Vasterling J, Jenkins RA, Tope DM, et al. Cognitive distraction and relaxation training for the control of side effects due to cancer chemotherapy[J]. Journal of Behavioural Medicine, 1993, 16: 65 - 80.

[80] Larose S, Gagnon S, Ferland C, et al. Psychology of computers, XIV. Cognitive rehabilitation through computer games[J]. Perceptual and Motor Skills, 1989, 69: 851 - 858.

[81] Pope AT, Bogart EH. Extended attention span training system: video game neurotherapy for attention deficit disorder[J]. Child Study Journal, 1996, 26(1): 39 - 50.

[82] Fabricatore C. Learning and videogames: an unexploited synergy

[DB/OL]. www. learndev. org/dl/FabricatoreAECT2000. pdf.

[83] Saunders D, Smalley N. Simulations and games for transition and change in lifelong learning[C]. In D Saunders and N Smalley (eds) The international simulation and gaming research yearbook. London: Kogan Page, 1 - 9, 2000.

[84] Kusunoki F, Sugimoto M, Hashizume H. Discovering how other pupils think by collaborative learning in a classroom[C]. Paper presented to the Fourth International Conference on Knowledge-based Intelligent Engineering Systems and Allied Technologies, 30 August-1 September 2000.

[85] Filipczak B. Training gets doomed[C]. Training, August 1997, 24 - 31, 1997.

[86] Griffiths MD, Davies MNO. Research note-excessive online computer gaming: implications for education [J]. Journal of Computer Assisted Learning, 2002, 18(3): 379 - 380.

[87] 新华网. http://news. xinhuanet. com/mil/2008 - 01/28/content_7511071. htm.

[88] 新华网. http://news. xinhuanet. com/mil/2007 - 05/14/content_6092748. htm.

[89] James C. Rosser Jr; Paul J. Lynch; Laurie Cuddihy; et al. The Impace of Video Games on Training Surgeons in the 21st Century[J]. Issue of Archives of Surgery,2007, 142(2):181 - 186.

[90] Video Game Saves Lives [DB/OL]. 视频报道 http://www. youtube. com/watch? v=uLzTMU79UH8.

[91] Video Game Saves Lives [DB/OL]. http://www. psxextreme. com/ps3-news/2460. html.

[92] Poole S. Trigger happy, video games and the entertainment revolution[M]. New York: Arcade Publishing. 2000.

[93] Brownfield S, Vik G. Teaching basic skills with computer games [J]. Training and Developmental Journal, 1983, 37(2): 52 - 56.

[94] Bisson C, Luckner J. Fun in learning: the pedagogical role of fun

in adventure education[J]. Journal of Experimental Education, 1996, 19(2): 108-112.

[95] Rosas R, Nussbaum M, Cumsile P, Marianov V, et al. Beyond Nintendo: design and assessment of educational video games for first and second grade students[J]. Computers and Education, 2003, 40: 71-94.

[96] Helliar CV, Michaelson R, Power DM, et al. Using a portfolio management game (Finesse) to teach finance[J]. Accounting Education, 2000, 9(1): 37-51.

[97] McLellan H. Magical stories: blending virtual reality and artificial intelligence[C]. In DG Beauchamp, RA Braden and RE Griffin (eds) Imagery and Visual Literacy: Annual Conference of the International Visual and Literacy Association, 76-80, 1994.

[98] Prensky M. The motivation of game play. The real twenty-first century learning revolution[J]. On the Horizon, 2002, 10(1): 5-11.

[99] Mitchell A. Exploring the potential of a games-oriented implementation for m-portal[C]. Paper presented to the MLEARN 2003 Conference-Learning With Mobile Devices, 19-20 May 2003, London, 2003.

[100] Dempsey JV, Rasmussen K, Lucassen B. Instructional gaming: implications for instructional technology[C]. Paper presented at the Annual Meeting of the Association for Educational Communications and Technology, 16-20 February 1994, Nashville, TN.

[101] Stone S. The war of desire and technology at the close of the mechanical age[M]. Cambridge, MA: MIT Press, 1995.

[102] Schleiner A. M. Does Lara Croft wear fake polygons? Gender and gender-role subversion in computer adventure games[J]. Leonardo, 2001, 34(3): 221-226.

[103] 张伟. 网络游戏与中国文化[DB/OL]. http://column.chinabyte.com/103/2001103.shtml.

[104] 高英彤,刘艳姝. 论软力量与网络游戏——未成年人道德教育视角[J]. 外国教育研究,2007(6).

[105] 周理平.网络游戏对大学生的影响与对策分析[J].湖南民族职业学院学报,2007,3(3).

[106] 黄希庭.大学生心理健康教育[M].上海:华东师范大学出版社,2006.

[107] 刘泓.虚拟游戏的身份认同——网络游戏的文化体验之反思[J].福建论坛(人文社会科学版),2003(3).

[108] http://ent.sina.com.cn/x/2006-03-27/14571028576.html,引自新华网,2006-03-27.

[109] 戴冰.网络游戏的文化透视[J].思想·理论·教育,2005(Z1).

[110] 信息产业部软件与集成电路促进中心等编.游戏架构设计与策划[M].北京:电子工业出版社,2007.

[111] 胡昭民编著.游戏设计概论[M].北京:清华大学出版社,2008.

[112] Andrew Rollings, Dave Morris 编著.游戏架构与设计[M].付煜,等译.北京:北京希望电子出版社,2005.

[113] 陈旭远.促进学生体验的教学策略[J].中国教育学刊,2004(4).

[114] Garris,R., Ahlers,R., and Driskell,. J. E., Games, motivation and learning, Simulation & gaming[J]. An Interdisciplinary Journal of Theory, Practice and Research. Vol33, No.4 Dec. 2002.

[115] 邓鹏.游戏成瘾机理及其在娱教设计中的应用[D].华东师范大学博士论文,2007.04.

[116] 盛群力等.教学设计[M].北京:高等教育出版社,2005.

[117] 洛林·安德森,戴维·克拉斯沃尔.学习与评价分类学:布卢姆教育目标分类学[M].New York: Longman,2001.

[118] 玛丽·艾丽斯·冈特,托马斯·H·埃斯蒂斯,简·斯瓦布.教学模式(第四版)[M].尹艳秋,等译.南京:江苏教育出版社,2006.

[119] 戴维·奥苏贝尔.有意义的言辞学习心理学[M].New York: Grune and Stratton,1963.

[120] 南国农.电化教育学[M].北京:高等教育出版社,1998.

[121] Roubidoux MA, Chapman CM, Piontek ME. Development and evaluation of an interactive web-based breast imaging game for medical students[J]. Academic Radiology, 2002, 9(10): 1169-1178.

[122] 张红霞,谢毅.动机过程对青少年网络游戏行为意向的影响模型[J].心理学报,2008(12).

[123] 孟丽丽.网络游戏参与动机与学习动机的相关分析[J].开放教育研究,2008(1).

[124] 尚俊杰,庄绍勇,李芳乐等. 网络游戏玩家参与动机之实证研究[C]. 北京:第十届全球华人计算机教育应用会议(GCCCE2006)论文集,2006.

[125] 步平平.网络游戏对青少年的心理发展影响初探[J].青年现象,2004(5).

[126] 张轶楠.网络游戏对青少年人格心理发展的影响[J].现代传播双月刊,2003(5).

[127] 李琳,姜英杰,李雪艳.网络游戏对青少年心理发展的影响及其自我调控对策[J].现代中小学教育,2004(7).

[128] 罗伯特·斯莱文.教育心理学[M].姚梅林,等译.北京:人民邮电出版社,2007.

[129] 托尼·W·林德.在游戏中发展儿童[M].陈学锋,江泽菲,等译.上海:华东师范大学出版社,2008.

[130] 郑颖立.体验式虚拟实验研究[D].华东师范大学博士论文,2008.04.

[131] 辛继湘.体验教育研究[D].西南师范大学博士论文,2003.04.

[132] 陈亮.体验式教学设计研究[D].西南大学博士论文,2008.04.